今を生きる思想

西田幾多郎

分断された世界を乗り越える

櫻井 歓

現代新書
100
HUNDRED

講談社現代新書
2702

はじめに　分断された世界で西田を読む

電子メディア時代の孤独

「経験するというのは事実其儘《そのまま》に知るの意である」（①9）。[*1]

西田幾多郎は『善の研究』（一九一一年）の本論の冒頭をこう書き出して「純粋経験」を論じている。だが、近代日本で最初の哲学書とされる同書の出版から一世紀あまりを経た現在、私たちにとって、この世界でさまざまな他者や事物と関わり「経験する」ということのあり方は、西田の時代からは大きく変化している。また「事実そのままに知る」のが容易ではないこと、そもそも何が「事実」であるのかについてさえ、人々の間に合意を形成するのが難しい場合があることが明らかになっている。私たちはＩＣＴ（情報通信技術）が高度に発達した社会を生きており、他者と交流する際にも、さまざまな情報を収集する際にも、パソコンやスマホ（スマートフォン）などの電子メディアに大きく依存している。こうしたなかで、経験すること、事実を知ることの様式が大きく変わってきている。

ＩＣＴが発達した現在、インターネット上に溢《あふ》れるほどの世界の情報を手に入れたり、地域や世代を超えてさまざまな人々とＳＮＳ（ソーシャル・ネットワーキング・サービス）で交流したりすることが容易になっている。手元のスマホで海外のニュースを聴いたり、スポーツの国際大会の動画を見たりすることもできるし、遠くに住む友人や海外にいる知人と近況をやり取りすることも手軽にできる。またオンライン会議やオンライン授業も当たり前になり、コンサートなどのイベントが実際の会場とオンラインとのハイブリッドで開催されることも珍しくない。電車のなかではほとんどの人が銘々のスマホを手にして覗《のぞ》き込んでいるし、デスクワークの仕事では、常にパソコンをインターネットにつないで情報収集やメールチェックをしながら仕事を進めているのが現状である。いわば私たちは、常時オンライン状態で他者と交流し、さまざまな情報を交換しており、「電子メディア時代」といえるような時代を生きている。

しかし、ＩＣＴの発達により、果たして人と人との連帯が強まり、人間関係が豊かになったといえるだろうか。現実は多面的であり、簡単に断定することはできない。ＳＮＳというメディア空間は、感動や驚きを共有する「広場」であるばかりでなく、愚痴や恨み言を吐露する「酒場」のようでもあり、自己顕示や承認欲求が渦巻いている「磁場」でもある。社会の不正義への義憤がＳＮＳで多くの人々に共有され、社会改革の運動に発展することもある。一方で、ＳＮＳでは意見の近い者同士の閉じられたコミュニケーションによって世論の分断が進むことも懸念される。ＳＮＳでの発信が集中的な非難を呼び起こす「炎上」もあれば、誹謗《ひぼう》中傷という他者攻撃が人の命を奪ってしまう事件も起こっている。インターネット上で自分が非難に曝《さら》されるかも知れないという不安は、多くの人にとって他人事《ひとごと》ではないはずだ。

そもそも電子メディアによるコミュニケーションは、交わされる情報が文字であれ、写真であれ、動画であれ、総じて電子データに限定されているという点で、希薄な人間関係である。コミュニケーションの窓口は、パソコンやスマホの四角い画面やスピーカーに限られており、通信を終えた瞬間にそのコミュニケーションは終了する。しかし、そのような電子メディアの情報に私たちは一喜一憂し、あるいは戦々恐々としている。

現代に生きる私たちは、つながりながら孤独、あるいは孤独なつながりといえるような状況にある。ＩＣＴによって盛んに他者と交流し、多くの情報を交換しながらも、個人と個人は心理的に分断されている。ネットでつながりながらも、心は互いに分断され孤独である。そして、個人相互の分断に応じてこの世界もまた分断されている。

西田幾多郎という哲学者

本書は、現在を生きる私たちの自己と世界との関係を近代日本の哲学者西田幾多郎の思想をもとに考え直してみる試みである。[*2] もちろん西田は現在のようなＩＣＴが発達した社会を直接論じているわけではなく、こうした時代の到来を予想していたわけでもない。しかし、この世界の真の姿ともいうべき「実在」について哲学的に探究し、世界のなかの自己のあり方を根本的に追究した西田の思索は、分断された現代を生きる私たちの自己理解についてヒントとなる見方を提供してくれる。

西田幾多郎は、明治維新期の一八七〇（明治三）年に生まれ、一九四五（昭和二〇）年、アジア・太平洋戦争の末期にこの世を去った。その七十五年の生涯は近代日本の歴史にそのまま重なっている。このことは西田の思想の歴史的意味を捉えるうえで重要である。

西洋近代をモデルとして創られていった日本の近代社会では、江戸時代までの封建社会の身分制が基本的に否定され、平等という理念のもと人々は自由を手にすることとなった。また、宗教による世界観が人生を意味づけて悟りや救いの約束を与えるという力も弱まっていく。こうした時代に、村社会の共同性（村人同士のつながりや束縛）から離れて学問により身を立てようとする人々にとっては、世界のなかで自己をどのように位置づけ理解するかは切実な課題となった。身分制からも宗教からも村社会の共同性からも解放された自由な個人は、自己の居場所や人生の意味を自分自身で模索しなければならない立場に置かれたのである。その意味で、近代を生きる個人は、自由であるがゆえに「自分は何者であるか」というアイデンティティを問わざるを得ない宿命を負ったともいえる。

西田の思想は近代日本における「個の自覚の思想」である。つまり彼は、近代において個人(唯一で不可分な「個」としての人)としての自己の自覚を哲学的に表現したのである。西田が「自己」を重視したことは、例えば「善とは自己の発展完成 self-realization である」(『善の研究』①117)といった言葉や、あるいは「我々の自己が意識的に働くと云《い》うのは、我々の自己が世界の一表現点として、世界を自己に表現することによって世界を形成することである」(「場所的論理と宗教的世界観」⑩299)という一文など、彼の著作の至る所に見出すことができる。

詳しくは本論のなかで述べていくが、西田の哲学は〈自己と世界の関係〉の思想として読むことができる。西田における「自己」は、自己自身の内面に閉ざされたものではなく、他者や事物に開かれた自己であり、行為することによって世界を表現する自己である。いわば世界に開かれた自己である。人々が分断され、孤独を抱えているなかで、世界に開かれた自己というイメージは、私たちが自己を理解し、他者や事物との関わり方を変えていこうとする際に手がかりとなる。

だが、「西田哲学」とも呼ばれる西田の哲学的思想には、難解で近寄りがたいイメージが纏《まつ》わり付いているのも事実である。それは「絶対無の場所」や「絶対矛盾的自己同一」といった晦渋《かいじゅう》な用語法から来る面もあるだろうし、西田自身が熱心に禅に打ち込んだ時期があるというライフヒストリーから来る面もあるだろう。これらのことから、西田のイメージが神秘化されて近寄りがたい雰囲気を醸《かも》し出していることは否定しがたい。

しかし同時に、その難解な言葉遣いにもかかわらず、西田哲学にはある意味での分かりやすさがあるともいえる。それは、西田が一貫して一つの根本的な立場から一切の世界を説明しようとしていることである。西田の思想は生涯を通じて発展を遂げたが、「純粋経験」「自覚」「場所」「行為的直観」など、根本的立場を表す用語を思索の過程で変化させながらも、一つの根本的立場からすべてを説明しようとするスタンスは終始一貫していた。その意味では、一切を説明できる根源へと遡《さかのぼ》ろうとする、いわば根源への志向性において一貫していたといえる。

西田の哲学的思索は、世界の真の姿を見極めようとする実在の探究であり、それは一つの根本的立場から世界のすべてを説明しようとする努力であった。それはまた、近代日本における個の自覚――個人としての自己の自覚――の思想という性格をもっていた。その内実は〈自己と世界の関係〉の思想として読むことができる。自己と世界の関係は、特定の時代のなかで具体的な表れ方をとるものであり、人々の分断が進む現代において、私たちの自己と世界との関係を西田哲学から捉え直してみることが本書のテーマとなる。このことはまた、視点を変えてみれば、現代に通じる西田の思想のアクチュアリティ（現実性）を問うことでもある。まさに「今を生きる思想」として西田を読み直すこと、それが本書の課題であるといってもよい。

本書の構成

本論は大きく四つの章で構成することとする。

まず第一章では西田の生涯をたどる。彼の七十五年の生涯を略述することなどそもそも不可能ともいえるが、近代日本の歴史的時空における西田のあゆみを、たびたび遭遇した家族の死という悲哀や、彼の思想が当時のエリート青年たちに与えた影響に注目しながら述べる。西田哲学が生み出された場所としての彼の生涯に焦点を当てるのが第一章である。

第二章から第四章はいわば各論であり、西田哲学の基本的概念として「純粋経験」「場所」「歴史的世界」の三つを取り上げ、各章に配当して論じる。これらはおおむね西田哲学の前期・中期・後期のキーワードといえるものだが、教科書風の概説はなるべく避けて、私たちが自己と世界の関係を考える際に、西田哲学からはどうみることができるかという視点から論じていく。

第二章では『善の研究』で論じられた「純粋経験」を取り上げ、〈生《なま》の現実〉ともいうべき経験の直接的なあり方は主客未分であり、自己と世界は別個にあるのではなく、むしろ一体のものとして分かちがたいものであることを述べる。

第三章では、西田の思索が新境地に達した「場所」の立場に焦点を合わせる。あらゆる事物は何らかの場所において存在すること、最も広い場所は意識の及ばない「絶対無の場所」と考えられることなどを述べる。私たちの意識は常に限定されたものであり、私たちには他者や世界について意識できていない広大な領域――いわば意識の外部――があることについても言及する。

そして第四章では、「歴史的世界」の概念により自己と世界の関係を捉え直す。西田によれば、私たちの自己は「創造的世界の創造的要素」であり、他者や事物と関わる行為を通じて世界を表現し、世界を形作っているとみられることを述べる。いわば世界に開かれた自己のイメージがここで明らかにされる。

さらに終章では、西田哲学が現代においてもつアクチュアリティについて改めて述べる。

西田哲学はたしかに難解である。抽象的な用語による論述の連続は、読者の理解を拒むようなところがある。しかし本書は、できるだけ具体的な現実、私たちの日常的な経験から離れずに西田を読むことを目指す。西田自身、「我々の最も平凡な日常の生活が何であるかを最も深く摑《つか》むことに依《よ》って最も深い哲学が生れるのである」（「歴史的身体」⑫345）と述べているように、彼が探究した哲学は日常生活から遊離したところにあるのではなく、むしろ日常生活を深く探究することによって生まれるものだったからである。

目次

第一章　西田幾多郎のあゆみ

誕生——近代化される時空

西田幾多郎の生まれ故郷として知られる石川県の宇ノ気《うのけ》は、金沢の北東、能登半島のほぼ付け根にあたる部分の西側に位置しており、日本海にも近いところにある。この静かな町のなだらかな丘の上に石川県西田幾多郎記念哲学館が建っている。二〇〇二年に開館したこの施設は日本で唯一の哲学の博物館として知られ、西田研究の拠点となっている。安藤忠雄の設計によるその建物はコンクリートとガラス張りの現代的な建築であり、JR七尾線の電車が金沢方面から宇野気駅に到着する手前で、左側の丘の上に仰ぎ見ることができる。宇野気駅前には西田の立像が建ち、哲学者ゆかりの地であることを伝えている。

だが、西田がいつ・どこで生まれたのかを正確に記そうとすると、いくつかの註釈が必要になる。西田幾多郎は一八七〇（明治三）年五月十九日に加賀国河北郡森村《かがのくにかほくぐんもりむら》（現在の石川県かほく市森）に父得登《やすのり》、母寅三《とさ》の長男として生まれた。*3 本書ではこのように記しておく。西田の生地を「石川県河北郡宇ノ気村」と紹介した文献も多い。また彼の誕生日について、旧暦で四月十九日と付記しているものもある。西田が生まれた時と場所を記述するだけでも、表現にずれが生じている。見過ごされそうなこの事実にこそ、この時代の特質が表れている。

西田が誕生した時は、近代国家の諸制度が創設されつつある明治維新の最中《さなか》だった。廃藩置県により明治政府の行政区域が定められたのは一八七一年であり、西田の出生時にはまだ石川県は存在しなかった（廃藩置県により金沢県が生まれ、その後石川県となった）。また、現在の太陽暦（グレゴリオ暦）が日本で採用されたのは一八七三年からであり、西田が生まれた時は旧暦（太陰太陽暦）の時代であった。西田の誕生日とされる五月十九日は新暦に換算した日付である。つまり、西田の出生当時は近代国家による行政区域や暦が作られる直前の時期であり、現在の私たちの社会と連続性をもつ時間と空間の区切りさえまだ成立していなかったことになる。

さらにいえば、西田の戸籍上の生年月日は慶応四（一八六八）年八月十日とされていた。この事情は、西田が小学校を卒業して師範学校に入学する際、入学に必要な年齢に達していなかったところ、村の有力者であった父得登が戸籍を書き換えさせたためであると伝えられている。こうした操作が可能であった時代であるともいえる。

西田が生まれたのは、江戸時代の幕藩体制が崩壊して西洋をモデルとする近代国家が建設されていく移行期に当たっていた。西田の七十五年の生涯が近代日本の歴史と重なるという事実は、彼の生涯のあゆみにも、その思想がもった社会的意味にも大きな影響を与えている。封建社会が終わりを告げたことは多くの人々に身分制からの解放をもたらしたが、それに替わる近代社会では、平等という理念のもと自由な個人が自己の能力によって社会を生きなければならない時代となった。つまり近代においては、理念として個人は自由に自己の生き方をつくっていける時代となったが、それゆえに「自分は何者であるか」というアイデンティティを問い、世界のなかでの自己の位置を見定めようとする模索を運命づけられたのである。西田が誕生したのはそのような近代への端境期《はざかいき》に当たっていた。

西田家は代々、加賀藩の役職で近隣の農民を統括する「十村《とむら》」と呼ばれる庄屋の家柄であった。版籍奉還後に十村の制度は廃止されたが、その役割は里正《りせい》（のちに戸長《こちょう》）に引き継がれ、得登は森村の里正・戸長を務めた。歴史に「もしも」という仮定を持ち込むことはナンセンスだとしても、幾多郎がもしも半世紀早くこの世に生を享《う》けていたとしたら、十村の西田家を継いで地元で富農として生涯を送った可能性は十分考えられるだろう。しかし、幾多郎が誕生した明治維新期は、もはや旧来の幕藩体制の身分制に依拠した生き方を許すものではなかった。西田が生まれた時代は人生の模索を必然的に条件づけるものであった。

悲哀の原体験

西田が地元の小学校を卒業してから二十九歳で金沢の第四《だいし》高等学校教授に着任するまで

の十七年間は、学歴・職歴ともに転々とした時期であり、生涯で特に波乱に満ちた遍歴の時代である。そこには、近代の学校教育制度の形成過程という歴史的状況と、西田の個人史的な出来事とが絡まり合っていた。

まず注目したいのは、思春期に遭遇した悲哀の原体験というべき出来事である。幾多郎は小学校を卒業後、金沢の石川県師範学校に入学したが、先に同校に在学中であった姉の尚《なお》がチフスのために十七歳で亡くなる。このとき幾多郎は満十三歳だった。後年、西田は姉の死を痛切な悲しみの体験として回想している。

回顧すれば、余《よ》の十四歳の頃であった、余は幼時最も親しかった余の姉を失うたことがある、余は其《その》時生来始めて死別のいかに悲しきかを知った。余は亡姉を思うの情に堪《た》えず、また母の悲哀を見るに忍びず、人無き処《ところ》に到りて、思う儘《まま》に泣いた。稚心《おさなごころ》に若《も》し余が姉に代りて死に得るものならばと、心から思うたことを今も記憶して居る。（「『国文学史講話』の序」①330）

西田の哲学論文は抽象的で難解だというイメージが強い。一方で、随筆や書簡の記述は具体的であり、こまやかな人柄を感じさせる文章が多い。とりわけ、家族や友人など親しい他者との死別の悲しみを綴った文章には、親しい者の死（二人称の死）[*4]を悼《いた》む悲哀の感度の高さが表れている。西田の生涯でたびたび遭遇することとなった悲哀の原体験が姉の死であった。西田哲学は、一人ひとりかけがえのない個である自己が、他者や世界とどのように関わるかを明らかにした思想として読むことができるが、姉尚との死別の回想には、その悲しみの痛切さにおいて個へのまなざしをはっきりと認めることができる。

西田によれば、「哲学は我々の自己の自己矛盾の事実より始まるのである。哲学の動機は「驚き」ではなくして深い人生の悲哀でなければならない」（「場所の自己限定としての意識作用」⑤92）という。人生のなかで親しい者との死別は避け難いものであっても、人生の悲哀を哲学の動機とみるところに、悲しみに対する西田の感受性の強さを読み取ることができる。そこには唯一でかけがえのないものとしての個へのまなざしが表れている。

「最も愉快な時期」

一八八六年、西田は十六歳で石川県専門学校附属初等中学科に補欠入学する。ここで生涯にわたる友情を交わすことになる鈴木貞太郎《ていたろう》（のちの仏教学者鈴木大拙《だいせつ》）、藤岡作太郎（のちの国文学者）、金田良吉（のちの教育者山本良吉）らと出会っている。石川県専門学校は翌年（一八八七年）、明治政府のもと官立学校となり第四高等中学校に再編され、西田も四高《しこう》の予科に編入学、さらに翌年（一八八八年）には本科の一年生となった。四高生時代、西田は自分の専門を数学にするか哲学にするか悩んだ。恩師である北条時敬《ときゆき》からは数学を勧められたが、「何となく乾燥無味な数学に一生を托する気」にもなれず「自己の能力を疑いつつも、遂《つい》に哲学に定《き》めてしまった」（「或《ある》教授の退職の辞」⑦347）。西田哲学にみられる論理的思考や数学的関心の背景には、青年期に選択されなかった数学の専門性をみることができるかも知れない。この時代はまた、友人関係を通して自己形成がなされた時期として回想される。

私は私自身の経験に照らして「私というもの」のできたのは、高等学校時代の友人関係であるかと思う。それが今日まで私というものの基礎となって居る様に思う。〔……〕丁度高等学校時代が自分というものの出来る頃である。その時の友人関係というものが、如何《いか》に人の生涯に大なる影響を有《も》つものかということを思わざるを得ない。（「堀維孝君の「四高三々塾について」を読みて」⑪178）

「私の生涯に於《お》いて最も愉快な時期」（⑦347）と回想される四高生時代は、青年期のエネルギーにあふれて自由奔放に振る舞った。一八八九年の大日本帝国憲法発布の日には、「頂天立地自由人」という文字を掲げて友人たちと共に記念写真を撮ったこともあった。この国での立憲制の成立と自分たちの自由な生き方とを重ねようとする意識をみることができる。

しかし、この時期を単純に「最も愉快な時期」とまとめることはできない。西田が当初入学した石川県専門学校は政府の管理する第四高等中学校に変わり、それまでの「師弟の間に親しみのあった暖《あたたか》な学校から、忽《たちま》ち規則づくめな武断的な学校に変じた」（「山本晁水君の思出」⑩415）のに対して、西田たちは学校や教師に反発し抵抗することになる。西田は学校から「行状点不足」（素行不良）の評価を受けて落第となり、一八九〇年には四高を自主的に中途退学する。この時、西田は十九歳だった。後に回想するところでは、「学問は必ずしも独学にて成し遂げられないことはあるまい、寧《むし》ろ学校の羈絆《きはん》を脱して自由に読書するに如《し》くはない」（⑦347）と思っていたという。

挫折と遍歴

四高の退学は自ら選んだ道だったが、その後の西田の学歴に試練をもたらすこととなる。退学後は家で読書をして暮らしたが、やがて目を病んで医師から読書を禁じられる。独学の生活は長く続けられるものではなかった。そこで西田は、志を曲げて東京に出て、帝国大学文科大学哲学科の選科に入学する。一八九一年のことである。選科生は現在の聴講生に近い立場で、科目を選んで受講することができたが、本科生と異なり大学卒業の学歴を得ることはできなかった。また図書室の利用について本科生との間に待遇の違いがあるなど、自尊心を傷つけられることもあった。「当時の選科生というものは惨《み》じめなものであった、私は何だか人生の落伍者となった様に感じた」（⑦347）と回想される時期である。西田幾多郎といえば近代日本を代表する哲学者の一人であることは間違いないが、その学歴をみれば順風満帆に進んだエリートであったとはいえない。むしろ青年時代の西田は、挫折してコンプレックスを抱えながらも生き方を探っていったのである。

三年後には選科を終えて金沢に戻るが、選科出身の西田が就職先を見つけることは容易ではなかった。ようやく石川県尋常中学校の分校の教諭となり能登半島・七尾に住むこととなったのは一八九五年、彼が二十五歳になる年であった。この年、従妹の得田寿美《じとみ》と結婚して、能登の海辺の町で新婚生活を送った。

七尾で教師となった翌年には長女弥生《やよい》が誕生する。その直後には第四高等学校のドイツ語担当の講師となって金沢に戻る。彼が金沢の卯辰《うたつ》山の麓にある洗心庵《せんしんあん》の雪門《せつもん》禅師のもとで参禅を始めたのもこの頃だった。

しかし、西田の結婚生活と職業生活は順調だったとはいえない。彼が二十七歳になる年（一八九七年）、父得登と妻寿美との不仲により、父は幾多郎と寿美の離縁を言い渡してしまう。さらに悪いことに、幾多郎は四高の内部紛争に巻き込まれて免職となる。彼は直前まで自分が免職となることを知らされていなかった。妻子と引き離されたうえに、職までも失うことになった。度重なる困難のなかで西田は、本格的に坐禅の修行を始める。そして彼は、当時山口高等学校長をしていた恩師北条時敬に助けられて、同校の教師として山口へ単身で赴任することになった。

四高教授として金沢に戻る

二年後の一八九九年、当時四高の校長となっていた北条の招きがあり、西田は四高の教授となる。彼が二十九歳の年だった。この時、父はすでに他界しており、幾多郎は寿美と復縁していた（その前年には長男謙が誕生していた）。紆余《うよ》曲折を経て、彼は金沢に戻ってきたのである。それから十年間、金沢での四高教授時代となる。この時期のことを西田は次のように回想している。「遂に四高の独語教師となって十年の歳月を過《すご》した。金沢に居た十年間は私の心身共に壮《さかん》な、人生の最もよき時であった」（⑦348）。

西田は四高教授として、心理、論理、倫理、ドイツ語などを担当した。この頃に生徒たちから付けられていた綽名《あだな》は「デンケン先生」という。ドイツ語の denken（考える）に由来するこの綽名は、思索する教師として生徒の目に映った西田の姿を伝えている。

西田の四高教授時代は、『善の研究』のもとになる文章が講義草稿や雑誌論文として書かれていった時期である。金沢で暮らした三十代は、のちに哲学者として本格的に活躍していく準備がなされた時期、いわば仕込みの時期であったともいえる。

この時期の西田の日記には、自らの功名心を戒める記述が見られる。例えば次のように書き残している。「余はあまりに多欲あまりに功名心に強し。一大真理を悟得して之《これ》を今日の学理にて人に説けば可《か》なり。此の外の余計の望《のぞみ》を起すべからず。多く望む者は一事をなし得ず」（一九〇三年六月十一日、⑰122）。[*5] 多欲や功名心に惑わされてはならない。自ら真理を悟って、それを学問の言葉で世の人に説けば良いのだ。それ以外は余計な望みなのだ。壮年の学者の焦りと自制心ともいうべき、西田の思いが吐露されている。

禅と学問

四高教授時代は西田が引き続き熱心に禅に取り組んでいた時期でもある。

例えば一九〇三年七月二十三日の日記には、「余は禅を学の為になすは誤なり。余が心の為《た》め生命の為になすべし。見性《けんしょう》までは宗教や哲学の事を考えず」（⑰126）と記している。その後、西田は京都大徳寺の広州禅師のもとで「無字の公案」を透過し、禅の修行で一定の成果を収めている。だが西田はこのことを喜んではいない。その日の日記には「晩に独参無字を許さる。されども余甚悦《はなはだよろこ》ばず」（一九〇三年八月三日、⑰128）と憮然《ぶぜん》とした様子がうかがえる。彼は禅に打ち込みつつも、外面的な結果に一喜一憂するものではなかった。

西田の日記には、猛烈に坐禅に取り組んでいた様子がうかがえる。例えば、一九〇六年一月の日記から。

「3日（水）雪。時に晴。寒。午前打坐《たざ》、午後家より食品持ち来《きた》る。夜打坐」

「4日（木）晴。寒。午前打坐、午後打坐、夜打坐。月清し」（⑰173）

西田の日記はきわめて簡潔な記述であることが多く、一日わずか一行という日も少なくない。こうした短い記述を通しても、彼がいかに熱心に禅に打ち込んでいたかを想像することができる。

西田が禅を通じて実際にどのような体験をしたのかは知る由もない。彼が取り組んだ「無字の公案」とは、『無門関』第一則などに見られる「趙州狗子《じょうしゅうくし》」の逸話による公案であり、中国唐代のこと、ある僧が趙州禅師に「犬にも仏性がありますか」と尋ねたのに対して趙州は「無」と答えた、というものである。「一切衆生《いっさいしゅじょう》、悉有仏性《しつうぶっしょう》」（すべての生きとし生けるものに、みな仏性がある）が釈尊の教えであるはずなのに、「無」とは、言葉のうえでは矛盾する、これはどういうことかが課題となる。[*6] こうした公案によって、西田が言語の矛盾、言語により世界を理解することの限界に直面しただろうことは想像できる。私たちは日常的に言葉により世界を理解している。しかし言葉で表現することはしばしば矛盾する。世界には言葉を超える真理がある可能性がある。西田は言語の矛盾を突きつける公案への取り組みによって、〈言葉の世界〉と〈言葉を超える世界〉との緊張関係を意識させられ、否応なく両者の境界あるいは間《あわい》に身を置くこととなった。あるいは〈言葉の世界〉と〈言葉を超える世界〉とは別個に存在するのではなく、二つの世界の重なり合いを生きることとなったのかも知れない。こうしたことを想像することができる。

学問に打ち込み、禅に打ち込む生活を経て西田は、自分の働く場所は学問だと考えるようになる。鈴木大拙に宛てた手紙のなかで彼は、「余は宗教的修養は終身之《これ》をつづける積りだが、余の働く場所は学問が最も余に適当でないかと思うが、貴考いかん」（一九〇七年（推定）七月十三日、⑲107）と述べて、旧友に意見を求めている。禅への取り組みが〈言葉の世界〉と〈言葉を超える世界〉との間に身を置くことだったとすれば、西田が学問という場所を選択したことは、〈言葉の世界〉の側から世界を探究していくとの態度表明だったことになる。西田が生涯をかけた哲学は、どこまでも言葉によって世界の真相を明らかにしようとするものだったのである。

では西田はどのような研究者を目指したのか。その志が日記に記されている。「余はPsychologist, Sociologist にあらず。life の研究者とならん」（一九〇五年七月十九日、⑰158）。心理学者（psychologist）でもなく、社会学者（sociologist）でもなく、「life の研究者」になろう。生命、生、魂、命、生涯、生活、人生、といった意味をもつlifeという言葉に、西田は自らの研究者のイメージを重ねたのである。人生を問うような学問を目指した彼の姿勢をみることができる。

近代人は哲学を必要とする

西田の四高教授時代には、近代の青年の不安を象徴する事件が起きている。一九〇三年五月二十二日、第一高等学校（一高）の生徒だった藤村操《みさお》（当時満十六歳）が日光・華厳の滝に投身自殺した。滝上の木の幹を削って「巌頭《がんとう》之《の》感《かん》」と題された遺言が記され、「万有の真相は唯《た》だ一言にして悉《つく》す、曰《いわ》く、「不可解」。我この恨を懐《いだ》いて煩悶《はんもん》終《つい》に死を決するに至る」との言葉があった。宇宙のすべては不可解であるとの思いに悶《もだ》え苦しんだ末の投身であった。藤村の自殺は当時の青年たちに大きな衝撃を与え、後を追う者も絶えず、「巌頭之感」を暗誦した者も多かったとされる。「煩悶」という言葉が流行するきっかけとなったこの事件は、近代人が哲学を必要としていることを象徴的に物語っている。封建社会の身分制が否定され、平等という理念のもと、建前としては自由な生き方が可能となった近代社会では、世界のなかでの自己の位置やその存在意義について自分なりに納得する必要がある。そこで立身出世やナショナリズム、あるいは宗教の教義など、分かりやすい価値に身を委ねるのでないならば、人は自分自身で世界のなかでの自己を見定めなくてはならない。その思索を哲学と呼ぶとすれば、近代人は潜在的に哲学を必要としているのである。

当時、西田は四高の教授、藤村は一高の生徒であり、直接の関わりはなかったとしても、西田自身もまた哲学を希求した一人であった。西田は精力的に禅に取り組む生活を経て自身の生きる場所は学問だと考えるようになる。哲学という言葉の営みによってこの世界を見極める立場に立ったのである。そして西田が探究した哲学は、その社会的意味として近代人のアイデンティティの模索に呼応する面をもつこととなるのである。

重なる悲哀

西田の四高教授時代を、彼が回想する額面通りに「人生の最もよき時」とのみ捉えることはできない。禅に打ち込み学問に生きる意志を固めたこの時代にも、肉親との死別の悲しみは免れなかった。西田が三十七歳になる一九〇七年に注目したい。この年の一月、次女幽子《ゆうこ》が気管支炎のため四歳で亡くなる。二月には西田自身が肋膜炎《ろくまくえん》を患っている。五月には四女友子と五女愛子という双子の姉妹が生まれるが、翌月には愛子は亡くなる。つまりこの年には、二人の娘が生まれるのだが、二人の娘を亡くし、西田自身も病気にかかっている。西田にとって受難の年の一つであり、生きることの現実が病と死と隣り合わせであることを私たちにも気づかせてくれる。

幽子の死を受けて、四高の元同僚だった堀維孝（当時は広島高等師範学校に転任していた）に宛てた手紙で西田は次のように書いている。「余は今度多少人間の真味を知りたる様に覚え候。小生の如き鈍き者は愛子の死というごとき悲惨の境にあらざれば真の人間というものを理解し得ずと考え候」（⑲91）。自分のような鈍い者は、愛する娘の死という悲惨な境遇を経てようやく人間の真実を多少知ったと、謙虚に述懐している。「一方より見れば、生れて何等《なんら》の人生の罪悪にも汚れず、何等の人生の悲哀をも知らず、唯《ただ》日々嬉戯して、最後に父母の膝を枕として死んでいったと思えば、非常に美くしい感じがする、花束を散らした様な詩的一生であったとも思われる」（「『国文学史講話』の序」①333）。そこには唯一無二のもの、かけがえのないものとしての個へのまなざしが表れている。

京都帝国大学へ

西田は金沢で四高教授を十年間務めた後、一年間、東京で学習院の教授を務め、そして一九一〇年、四十歳の年に、京都帝国大学文科大学の助教授（倫理学）に就任し、京都に住むこととなる。三年後には教授（宗教学担任）となり、さらに翌年には哲学担任となった。

西田は京大に十八年間在職したが、その間に「京都学派」の礎《いしずえ》を築いたことは日本の哲学史上重要である。西田は当時東北帝国大学で数理哲学や科学論について思索していた田辺元《はじめ》を京大に招いて、西田と田辺のもとから多くの門下生が輩出することとなる。こうして京都学派と呼ばれる研究者の一大ネットワークが形成されていった。京都学派は近代日本を代表する哲学の学派となり、アジア・太平洋戦争中の言説（「近代の超克」など）をめぐる論争的な評価も含めて、現在まで国内だけでなく国際的にも注目を浴びている巨大な知的ネットワークである。

　京大関係の西田の門下生としては、久松真一、務台理作《むたいりさく》、木村素衞《もともり》、三木清、戸坂潤、高坂正顕《こうさかまさあき》、西谷啓治《にしたにけいじ》、下村寅太郎、高山《こうやま》岩男らが挙げられる（西田の定年退官後の京大入学者も含む）。いずれも哲学や禅や社会思想の分野で活躍した人々であり、錚々《そうそう》たる顔ぶれである。現実社会へのスタンスとしても、「近代の超克」論に参加した西谷や下村がいる一方で、マルクス主義に接近し最期は獄死を遂げた戸坂や三木もおり、思想的にも幅広い。

　西田が京大に着任した翌年の一九一一（明治四四）年に『善の研究』が出版される。「本書は恐らく明治以後邦人のものした最初の又唯一の哲学書であるまいか」（高橋里美「意識現象の事実と其意味」）[*7]との評価を受けることとなる『善の研究』は、日本の哲学史上いわば記念碑的な著作となる。明治時代の終わりに出版された同書は、大正・昭和を通じて、そして現在に至るまで、哲学を専門に学ぶ者ばかりでなく、一般読者にも広く読まれるものとなっている。西田は、その本論の冒頭を「経験するというのは事実其儘《そのまま》に知るの意である」（①9）という決然とした言葉で書き出し、「純粋経験」について論じていくのだが、その思想を現代の視点からどのように読むかについては次章で論じていく。

京大に在職中、西田は自身の思索の過程を書き記すかのように次々と論文を発表していった。その思索の過程で「純粋経験」の立場から「自覚」の立場へ、さらに「場所」の立場へと発展していった。「場所」の立場は西田が独自の哲学的境地を拓《ひら》いたと評価されるものであり、その名前を冠して「西田哲学」と呼ばれるようになる。

倉田百三とのすれ違い

ここで京大時代の出来事として、倉田百三（一八九一〜一九四三年）とのすれ違いともいうべきエピソードに注目したい。西田のライフヒストリーとしては瑣末《さまつ》なことであるが、近代日本で西田哲学がもつこととなった社会的意味を問ううえで重要だからである。

西田哲学が現在まで広く知られ、人々を惹《ひ》きつけてきた事情の一つは、戦前の旧制高等学校の生徒たちの教養書とされてきたことである。この点で重要な役割を果たしたのが劇作家倉田百三である。倉田は青年期の随想をまとめた論集『愛と認識との出発』（一九二一年）のなかで、次のように西田を絶賛している。「この乾燥した沈滞した浅ましきまでに俗気に満ちたる我が哲学界に、例えば乾《ひか》らびた山陰の瘠《や》せ地《ち》から、蒼《あお》ばんだ白い釣鐘草《つりがねそう》の花が品高く匂い出ているにも似て、我らに純なる喜びと心強さと、かすかな驚きさえも感じさせるのは西田幾多郎氏である」(「生命の認識的努力」)。[*8] さらに同書に収められた別の論考では『善の研究』との出会いを次のように綴っている。

ある日、私はあてなきさまよいの帰りを本屋に寄って、青黒い表紙の書物を一冊買って来た。その著者の名は私には全く未知であったけれど、その著書の名は妙に私を惹きつける力があった。／それは『善の研究』であった。私は何心なくその序文を読みはじめた。しばらくして私の瞳は活字の上に釘付けにされた。／見よ！／個人あって経験あるにあらず、経験あって個人あるのである。個人的区別よりも経験が根本的であるという考《かんがえ》から独我論を脱することが出来た。／とありありと鮮《あざや》かに活字に書いてあるではないか。独我論を脱することが出来た?! この数文字が私の網膜に焦げ付くほどに強く映った。(「異性の内に自己を見出さんとする心」)[*9]

倉田の叙述は多分に感傷的な響きをもつが、『善の研究』との出会いが強烈な印象を残す出来事として記述されている。「独我論」は哲学的立場の一つであり、私の自我だけが実在するとみる立場であるが、倉田は『善の研究』との出会いによって独我論から脱出する可能性を読み取ったのである（独我論と西田の関係については次章でも注目する）。

倉田が『愛と認識との出発』において西田を絶賛したことは『善の研究』が広く知られるきっかけとなった。そして『善の研究』は、倉田の『愛と認識との出発』や阿部次郎の『三太郎の日記』（一九一四〜一八年）とともに旧制高校生の教養書となったのである。

しかし、倉田が西田を絶賛した一方で、西田が次男外彦に宛てた手紙では皮肉にも次のように倉田のことが酷評されている。「倉田百三というのが此頃学生のidol〔アイドル〕になって居るが倉田は頭もよく相当に深い所までの理解もあるがかれの小説や思想は尚幼稚で特に甘ったるいいや味の多いものである。かれは尚深く大きく発展せねばならぬ。併《しか》しもはやだめであろう」（一九二二年八月十五日、⑳42、傍点原文）。倉田は西田を絶賛したが、西田は倉田を酷評しており、両者の関係はすれ違いであった。

それにもかかわらず、このエピソードは『善の研究』が近代のエリート青年たちのアイデンティティの模索に応える性格をもっていたことを示しており重要である。その意味において、先にみた藤村の「煩悶」、倉田の「独我論」、そして西田の「悲哀」の問題はいずれも哲学への動機となるものであり、西田の哲学的思索は近代人のアイデンティティ問題に応答するという社会的意味をもつこととなった。つまり、西田哲学は寄《よ》る辺《べ》のない近代人が世界のなかで自己の在処《ありか》を見定めるための哲学的探究のモデルを提供したといえる。

晩年へ

西田が一九二八年に京大を定年退官した直後に書かれた「或教授の退職の辞」という随筆が知られている。このなかで西田はそれまでの人生を次のようにふり返っている。

「回顧すれば、私の生涯は極めて簡単なものであった。その前半は黒板を前にして坐《ざ》した、その後半は黒板を後にして立った。黒板に向って一回転をなしたと云えば、それで私の伝記は尽きるのである」(⑦346〜347)。

極めて簡潔な人生の回顧であるが、これまでみてきた通り西田の人生の道行きには進路の挫折や肉親との死別などさまざまな紆余曲折や試練があった。

京大教授として活躍していた時期でさえ、家族生活の試練に見舞われていたのである。西田が四十九歳の年(一九一九年)、妻寿美《ことみ》が脳溢血《のういっけつ》で倒れ、その後は寝たきりの生活となる。翌年には長男謙が病気のため二十三歳で急逝し、さらにその翌年からは、三女静子、四女友子、六女梅子が次々に病気に罹《かか》っている。そして一九二五年、ついに妻は四十九歳で他界するのである。西田の生活において家族の病と死はきわめて身近なものであったといえる。

西田は定年退官後も盛んに論文を発表し続け、次々に論文集が出版されていく。むしろ公職を退いて自由な身分となり、それまでより思索や執筆の時間がとれるようになったためか、京大を退職した後に出版された本の方が、それまでよりも数が多いほどである。また彼は、津田英学塾教授でクリスチャンの山田琴《こと》と知り合い、再婚している。幾多郎が六十一歳の年（一九三一年）だった。彼は新たなパートナーと共にさらに人生を歩むこととなったのである。晩年の西田は、鎌倉に家を入手して、一年のうち春と秋を京都で、夏と冬を鎌倉で過ごすようにもなる。こうして西田の晩年のライフスタイルが作られていった。

西田哲学の展開としては、「場所」の立場を経て後期には「歴史的世界」の概念を中心にさまざまな学問や文化、芸術、宗教を説明するべく思索を続けていった。しかし、現実の歴史的世界は周知の通り、この国がアジア・太平洋戦争に突入していった時代であり、西田の最晩年は太平洋戦争の末期に当たった。

人生は悲劇的《トラジック》

西田は生涯の最晩年、一九四五（昭和二〇）年一月二日の日記に次のように書いている。

「人生何時《いつ》までも心配苦労の絶える事がない、人生はトラジックだ」（⑱409）。

ある人が人生をふり返るとき、その省察の仕方自体にその人の個性が表れる。西田の場合、人生は「トラジック（tragic）」＝悲劇的なものとして、嘆くかのように省察されている。この時期は首都東京もしばしば空襲を受け、直前の年末には西田の六女梅子の嫁ぎ先であった哲学者金子武蔵《たけぞう》の家も全焼していた。その後、金子が麻布に家を定めたとの情報を受けて「一安心」するも、「併《しか》し人生の事あす又どうなるか分らない」（⑱411）と書き記している（一月二十日の日記）。

翌月、追い打ちをかけるかのように悲報が飛び込んでくる。二月十四日に長女弥生が四十九歳で突然病死したのだ。人生は明日どうなるか分からない。この現実を改めて突き付けられるような出来事であった。西田は次男外彦に宛てた手紙のなかで「弥生の事は何としても思い出され無限の淋しさと深き悲哀に沈んで居ります」（㉓338）と書き送っている。三月十二日の日記には次のような言葉が残されている。「一昨夜のB29百三十機の空襲東京大火災、聞けば聞く程悲惨」（⑱415）。東京大空襲直後の記述である。

だが、戦火の迫るなか、弥生の死の悲哀に沈みながらも、西田は最後の完成論文となる「場所的論理と宗教的世界観」の執筆に取り組んでいた。この宗教論は著者の気迫によって読者を圧倒するかのような大論文である。

西田はこの論文を書き上げた後、六月七日に鎌倉の自宅で七十五歳の生涯を閉じた。そして日本の敗戦により戦争が終結するのはその二ヵ月後であった。

哲学の動機は「人生の悲哀」でなければならないと西田はいう。西田哲学と呼ばれるその哲学的思索は、トラジック（悲劇的）だと省察される彼の人生から生み出された。いわば西田の生涯は近代日本を舞台として演じられた悲劇であり、その哲学的思索は彼の生涯という場所に立ち現れた歴史的世界の自己表現というべきかも知れない。

第二章　『善の研究』と純粋経験

消されたタイトル

一九一一（明治四四）年に出版された『善の研究』は西田の代表作として知られ、現在まで広く読み継がれている。だが、この書には日の目を見ることのなかったもう一つのタイトルがある。『純粋経験と実在』である。

一九九九年、西田の孫にあたる教育学者上田薫から石川県宇ノ気町立西田記念館（当時）に、ある契約書が寄贈された。それは一九一〇年十月十六日に西田と版元である弘道館との間で交わされた出版契約書であり、そこには「純粋経験と実在」という書名が取り消し線で消され、代わりに「善の研究」と書き込まれていた。書名の変更については西田の承認印も押され、著者本人も了承していたことが分かる。

契約時に予定されていた書名が出版前に改題された事情については、弘道館から「もっと売れるような、人目を引きそうな書名を付けてほしい」という趣旨の要望があり、この本の出版を斡旋《あっせん》していた紀平正美《きひらただよし》が『善の研究』という新しい書名を提案したものだったと考えられている。紀平は西田の四高講師時代の教え子であり、当時弘道館から発行されていた『哲学雑誌』の編集を担当していた人物であるが、彼は米国の哲学者J・ロイスの『善と悪の研究』（*Studies of Good and Evil*, 1898）からヒントを得て『善の研究』と命名したと考えられている。

西田は『善の研究』の「序」のなかで、「此書を特に「善の研究」と名づけた訳は、哲学的研究が其前半を占め居るにも拘《かかわ》らず、人生の問題が中心であり、終結であると考えた故である」(①6)と説明している。しかし、後年の書簡では「私の「善の研究」というのは当時本屋の求《もとめ》もあり他人のつけたものだがどうも面白くない」(一九三九年五月二十二日、柳田謙十郎宛、㉒235)と述べており、西田自身はこのタイトルに違和感をもっていたことが分かる。[*10]

『純粋経験と実在』から『善の研究』へ。この改題によって、タイトルを目にした人が受け取る印象はだいぶ異なるものとなった。前者ならば地味な哲学書と見える。『純粋経験と実在』というタイトルを見ただけでは具体的内容をイメージしづらい人も多いのではないか。ところが『善の研究』というタイトルならば、たちまち「善とは何か?」「人はいかに生きるべきか?」といった倫理的な、あるいは人生論的な問いが呼び起こされる。より多くの人に親しみやすいのは明らかに後者のタイトルである。

しかし、この本に教訓書的な人生論を期待して読むならば、その期待は裏切られるだろう。大きく四つのパートからなる『善の研究』は、第一編「純粋経験」、第二編「実在」、第三編「善」、第四編「宗教」で構成されており、前半の二編は「純粋経験と実在」という原題にふさわしい哲学的探究、後半の二編はいわばその実践的応用としての倫理学と宗教論とみることができる。第三編で「善」が主題になっているものの、それがこの本のメインテーマとはいえない。『善の研究』はタイトルと内容とにずれがある著作なのである。

だが当時、『善の研究』のタイトルに惹かれ、人生論として同書を読んだ青年の一人が、前章でも触れた倉田百三であった。『愛と認識との出発』のなかで倉田は、「その著者の名は私には全く未知であったけれど、その著書の名は妙に私を惹きつける力があった」として『善の研究』を挙げている。倉田の『愛と認識との出発』と西田の『善の研究』の再版本とは、いずれも一九二一年に岩波書店から刊行された。倉田による『善の研究』の絶賛が、旧制高校生たちに同書が広く読まれるきっかけとなったことを考えれば、『善の研究』というタイトルが西田自身には不本意であったとしても、現在に至る同書の普及にとって大きな意味をもつものであったことになる。『善の研究』が人生論的に読まれる可能性は、出版前の改題にすでに埋め込まれていたのである。

この本のタイトルに惹かれた人生論的な読み方は著者の本意でなかっただろう。だが、西田自身が「life の研究者とならん」（⑰158）と志したように、その哲学的思索は人生への問いと無縁だったわけではない。むしろ、事物の根本を突き詰めて探究する哲学の営みが、生きることをどう捉えるかという問題とつながっている。そうした意味で、哲学と人生とは結びついている。その哲学的探究を導くキーワードが『善の研究』では「純粋経験」であった。

ここで想像力を解放して、いったん消されたタイトルを復活させて副題に置いてみるならば、『善の研究――純粋経験と実在』となる。これはもちろん架空のものだが、哲学に裏打ちされた人生理解を可能とする著作にふさわしいタイトルではないだろうか。

唯物論と独我論の狭間

『善の研究』の「序」で西田は、「純粋経験を唯一の実在としてすべてを説明して見たいというのは、余が大分前から有《も》って居た考《かんがえ》であった」(①6)と述べている。また同書の「版を新《あらた》にするに当って」(一九三六年)では次のように述べている。

私は何の影響によったかは知らないが、早くから実在は現実そのままのものでなければならない、所謂《いわゆる》物質の世界という如きものは此から考えられたものに過ぎないという考を有っていた。まだ高等学校の学生であった頃、金沢の街を歩きながら、夢みる如くかかる考に耽《ふけ》ったことが今も思い出される。(①4)

「実在」とは、実際に存在するもの、物事の真の姿、最も確かなもの、といった意味で理解しておくが、ここには「純粋経験」あるいは「現実そのままのもの」こそが実在だとする考え方がみられる。

西田が学生時代からこうした考えをもっていたことについては、門下生の高坂正顕が次のような西田の回想談を伝えている。「金沢の街を歩いていて、夕日を浴びた街、行きかう人々、暮れ方の物音に触れながら、それがそのまま実在なのだ。所謂物質とはかえってそれからの抽象に過ぎない。このような考が浮んできた。それが「善の研究」の萌芽だったのであろう」[*11]。

若い日の西田が、夕日を浴びた金沢の街を歩いていて、それがそのまま実在だという考えを得たということは十分にあり得る。この実在の捉え方には、哲学的には二つの異なる立場との緊張関係が含まれている。

一つは、物質こそが実在であるとみる唯物論の立場である。高坂によれば、学生時代の西田が唯物論者の友人との議論を通じてこうした考え方に至ったとしている。また西田が当時、親友山本(金田)良吉に宛てた書簡として、唯物論的な立場から精神の不朽や宗教について批判した手紙が知られている(⑲3~7)。これは若者の哲学的議論であり、後年の立場そのものではないが、若い日の西田が唯物論をきちんと検討しなければならない思想として受け止めていたことは確かである。

緊張関係に立つもう一つの立場は、実在するのは私の自我だけであるとみる独我論の立場である。『善の研究』の「序」では、「個人あって経験あるにあらず、経験あって個人あるのである、個人的区別よりも経験が根本的であるという考から独我論を脱することができ」たという（①6〜7）。本論のなかでは、デカルトにならって「疑うにも疑い様のない直接の知識」を問い、デカルトが「余は考う故に余在り」（cogito ergo sum）と考えて〈疑う我〉に最も確実なものを求めるのに対して、西田はむしろ「直覚的経験の事実」に求めている。「唯ありのままの事実を知る」直覚的経験にすべての知識の基礎を置くのである（第二編「実在」①41）。

最も確かなものは何か。客観的に存在する物質か。それともすべてを疑う私の自我なのか。一方では唯物論、他方では独我論。実在についての西田の捉え方は、二つの相異なる立場との狭間でそれらとの緊張関係に立ちながら主張されている。

『善の研究』の一番のキーワードである「純粋経験」はこのような立場から論じられている。いわば西田は、最も確かなものを自己の外側に求めたのでもなく、自己の内側に求めたのでもなく、独自の立場から実在を考えようとしていた。その思索を通じて生まれたのが「純粋経験」の立場だったのである。

経験の原初形態としての純粋経験

では「純粋経験」とはどのようなものだろうか。

『善の研究』の第一編「純粋経験」の第一章「純粋経験」は次の言葉で始まっている。

「経験するというのは事実其儘《そのまま》に知るの意である」(①9)。

西田によれば、普通に経験といっているものも経験する人の思いや判断が入り込んでいる。純粋経験とはそのような思慮分別が少しも加えられていない、経験そのままの状態だという。

例えば、色を見、音を聞く刹那《せつな》、未《いま》だ之が外物の作用であるとか、我が之を感じて居るとかいうような考のないのみならず、此色、此音は何であるという判断すら加わらない前をいうのである。(①9)

要するに、何かの色を見た瞬間、何かの音を聞いた瞬間、この色、この音は何だという判断もまだ加わっていない状態を純粋経験と呼んでいるのだ。

私たちの常識的な「ものの見方」は、主観と客観との二分法に立っている。私たちは自分自身と周囲の世界との関係を次のように理解している。つまり、まず私という個人がいて、その外側に私を取り巻く世界があり、その世界にはさまざまな事物がある。私たちは、それらの事物を、見たり、聞いたり、それに触れたりしている。これは、主観としての私と、客観としての対象――世界やそのなかの諸事物――とを分けて考える、主観と客観の二分法による見方である。

しかし西田によれば、こうした二分法はもとの経験を反省して組み立てられた見方に過ぎない。むしろ「自己の意識状態を直下《じか》に経験した時、未だ主もなく客もない、知識と其対象とが全く合一して居る」（①9）という。つまり、まだ何の判断も加えられておらず、主観と客観とは分かれていない。西田は経験の原初的な状態を主客未分と考えて、「純粋経験」あるいは「直接経験」という言葉で表現したのである。

『善の研究』では次のような例が挙げられている。一生懸命に断崖（切り立った岸、あるいは断崖）をよじ登る場合や、音楽家が熟練した曲を演奏する時（①11）、そして私たちが美しい音楽を聴いて心を奪われる時（①49）。さらに、我々が物を知るということは自己が物と一致することだとして、「花を見た時は即ち自己が花となって居る」（①76）ともいう。

ここで、私たちが日常生活のなかで出会うような具体例で考えてみよう。

一日の仕事に区切りが付いてふと西の空を見やると、見事な夕日！　空を赤く染めながら沈んでいく眩《まぶ》しい夕日が目に飛び込んでくる。息を呑《の》むほどの情景に圧倒されて、胸の奥深くまで届くような感動に満たされる。その瞬間、私はいわば夕日という場面に溶け込んでいる。主観としての私と、客観としての夕日を分かつことのできない、場面のなかで一つとなっているような体験。

夕日を目の当たりにした瞬間の「夕日！」という体験。いやむしろ「夕日」とさえ意識する前の「ハッ！」とする瞬間。言語を超えて「！」と表現するしかないような瞬間というべきかも知れない。まずは純粋経験をこのような状態として理解しておく。

だが、その瞬間から直ちに思考が生まれてくる。「見事な夕日だ！　スマホで写真を撮ってSNSに上げよう。この感動を友だちと共有したい」といった思考が働いて、スマホで何枚か写真を撮る。その時にはすでに、私という主観が夕日という客観を対象化している。見事な夕日に感動しながらも、夕日を被写体として対象化し、SNSに投稿する素材として手段化さえしている。

このように私たちは、経験の原初的な状態としての純粋経験とそこから生まれるさまざまな思考や判断を、特別に気にとめることもなく日常生活のなかで経験している。主客未分などというと神秘体験のような特異な体験を連想するかも知れないが、純粋経験は日常生活からかけ離れたものではなく、むしろ生活の至る所にあるとさえいえる。むしろ経験の最初の状態はすべてそのようなものだと西田は考えるのである。

純粋経験と技能の習熟

純粋経験という概念を手がかりにして、スポーツや芸術における技能の習熟を考えてみることもできる。西田によれば、「判断が漸々に訓練せられ、その統一が厳密となった時には全く純粋経験の形となる」として、「技芸を習う場合に、始《はじめ》は意識的であった事も之に熟するに従って全く無意識となるのである」（①15）という。つまり、技能の習い始めのうちは、身体の動かし方を意識して調節しながら必要な動きを身に付けようとするが、習熟すれば無意識のうちに身体が動くようになるというのである。

水泳やピアノの演奏を例に考えてみたい。

水泳であれば、まだ慣れないうちは、手や足の動かし方や息継ぎの仕方を、そのタイミングや角度まで意識しながら、きれいに速く泳げるフォームを身に付けようとするが、練習して慣れてくると手足の動きや息づかいがスムーズになり、水中で自然に身体を動かせるようになる。ピアノを弾く場合でも、初めは楽譜に記されている音符の並び方に注意して、右手と左手の指の動かし方を、どの音符をどの指で弾くのかまで意識しながら鍵盤を叩いていたのが、慣れてくると自然に弾けるようになっている。このように、練習を積んで慣れてきて、無意識のうちに身体が動くようになった状態は純粋経験といえる。

ところが、いったん身に付いた技能であっても、身体の動きを意識するとスムーズな動きが乱されて動作がぎこちなくなる場合がある。水泳で息づかいを意識するほど息苦しくなったり、ピアノを弾いている指の動きを意識した途端に指の運びがもつれたりする、ということが起こる。このような場合には、「私が身体を動かしている」という意識がスムーズな身体の動きを妨げ、邪魔をしてしまっている。そこには主観と客観とに分かれた意識が働いている。ここではむしろ、滑らかな動きを妨げる意識を離れることが課題になる。こうした意識から解放されて自然に身体が動くようになった時、再びスムーズな動きが回復される。

ここには技能の習熟において意識がもつ両価性（アンビヴァレンス）ともいうべき問題がある。技を身に付けるためには身体の動きを細かく意識して調節する必要がある。それが身に付いて――いわば「板に付いて」――無意識のうちに身体が動くようになる。しかし、ひとたび身に付いた技能を遂行する最中《さなか》で意識化すると、スムーズな動きが崩れてしまうことがある。

意識はこのように両価性をもつが、身体の動きを意識して反省することは、技能を上達させるうえでやはり重要である。水泳ならば、きれいに速く泳げるフォームを身に付けるために、手足の動きを意識しながら繰り返し練習するに違いない。ピアノを弾く場合にも、楽曲のなかで難しい箇所を指の動きに注意しながら何度も練習するだろう。このように、水泳のフォームやピアノの運指をふり返ってみることが反省である。こうして反省された身体の動きが身に付いて、無意識のうちにスムーズにできるようになることが、技能の上達といえるのだ。

このように、スポーツでも芸術でも、技能を身に付け無意識にできるようになった状態のことを純粋経験として捉えることができる。技能の習熟とは、いわば純粋経験とその反省（意識化すること）とを繰り返しながら徐々に習熟の度合いを深めていくプロセスとして考えることができる（このことは第三章でも触れる）。

純粋経験から自己が生まれる

純粋経験は「私」という自己が生まれてくる源でもある。

先にも引用した通り、西田は「個人あって経験あるにあらず、経験あって個人あるのである、個人的区別よりも経験が根本的である」（①6〜7）という。

これはどういうことだろうか。常識的なものの見方では、私やあなたといった個人があって、その個人がさまざまな事物を見たり聞いたりすると考える。まず個人があって経験があるとみるのである。ところが西田は「個人あって経験あるにあらず、経験あって個人あるのである」という。これは常識的な見方とは逆になっているのだが、実は私たちの常識的な見方こそ主観と客観の二分法による見方であり、西田はこうしたものの見方を批判しているのである。つまり、主観としての私が客観としての世界のさまざまな対象を経験するという主客の二分法に対して、主客を分けて考える以前にその源になる経験があるとみる。それを示そうとしたのが「純粋経験」である。

　西田は、主観としての自己が生まれてくる以前の新生児の意識状態にも言及している。「初生児の意識の如きは明暗の別すら、さだかならざる混沌たる統一であろう。此の中より多様なる種々の意識状態が分化発展し来るのである」（①11）。また別の箇所では、「我々が始めて光を見た時には之を見るというよりも寧《むし》ろ我は光其者《そのもの》である」（①137）ともいう。つまり「私」といえるような主観としての自己は、乳児の主客未分の意識状態から、主観としての私と、客観としての対象とに分化し、さまざまな意識状態が分かれて発展してきたものだと考えられるのだ。

「私」という意識が生じるには、そのもとになる経験がある。「私」の意識は、純粋経験に主観と客観の区切りを入れて純粋経験から分かれてきたものだと考えられる。その意味では純粋経験とは「私」がそこから生まれ出てくる源になるものだといえる。

意識の発達プロセス

『善の研究』で論じられる純粋経験には、一見すると「雑多な」と見えるほど多様な意識の状態が含まれているのも事実である。ここでは純粋経験の概念を三つに分けて整理しておきたい。第一に、「例えば、色を見、音を聞く刹那」(①9)といわれるような判断以前の直接的な意識の状態である。第二に、芸術家や宗教家の「知的直観」(①33)といわれるものや、熟達した技能を演じる際の高度に統一された意識の状態である。そして第三に、新生児の場合のような子どもの発達初期の自他未分化な意識の状態もまた純粋経験とされている。

このように純粋経験という概念には、乳児の意識の状態から、私たちが色を見たり音を聞いたりする瞬間や、心を奪われて音楽を聴くこと、さらに芸術家や宗教家の高度な意識の状態まで、多様な意識の状態が含まれている。だが、発達初期の意識状態と、高度に発達し統一された意識状態がともに純粋経験として扱われる多義性は、雑多なものが一緒にされている印象を免れない。これまでの西田研究でもこの点は指摘されてきた。

しかし、西田は「赤ん坊の意識状態に帰れ」と主張したわけではない。むしろ、さまざまな純粋経験の例から、私たちの意識がどのように発達してくるのかを考えることができる。純粋経験から人間の意識が発達するプロセスは、おおむね次のように整理してみることができる。

第一に、主観と客観とが分かれていない意識状態がある。ここでは、主観としての私もなければ、客観としての対象もない。注意したいのは、主客未分の状態は乳児の意識に限らず、私たちの日常的な経験でも初めの状態は主客未分と考えられることだ。

第二に、主客未分の純粋経験が発展して、主観と客観とが分かれた意識状態が生まれる。つまり、私と私でないものとを分けて考えることのできる段階だ。ここでは私たちは、主観と客観の二分法によってものを見ている。

そして第三に、こうした主客分離の状態のさらに先に、主観と客観とが再び一つになった状態が考えられる。これは、芸術家や宗教家が精神を集中している場合のように、意識が理想的な統一の状態にある段階だ。これもまた純粋経験といえる。

このように純粋経験の考え方では、意識の原初的あるいは直接的な統一状態から、意識が分化・発展する段階を経て、意識の理想的な統一状態へと至る意識の発達プロセスが考えられる。こうしたプロセスにおいて純粋経験は、①発達初期の未分化な意識状態、②意識が分化・発達していく際の判断以前の直接的な意識状態、③芸術家や宗教家の経験にみるような理想的な意識統一の状態、というさまざまな面を含んでいるのだ。

純粋経験の立場からみると「私」の意識もこのように発達してきたものだし、そして発達していくものだと考えられる。すべては純粋経験が分化し発展してきたものとしてみられるのである。芸術家や宗教家の理想的な意識統一などというと、凡人には到底たどり着けない境地であるように思われるかも知れない。だが、私たちにとっては何か好きなことに熱中して我を忘れている状態を考えてみればイメージしやすいだろう。

人格の実現

本書の読者の方は、西田の純粋経験論にはある種の困難さがあることに気づかれるかも知れない。純粋経験はそれを捉えようとすると逃れ去ってしまう。言葉は事物を主観と客観の二分法によって区切り対象化する機能をもつので、「純粋経験」という言葉で捉えられたものは、すでに客観として対象化されたものに過ぎない。主客未分の純粋経験を「純粋経験」という言葉で捉えることは不可能なのである。その意味では西田は、言葉では把握することのできない事柄を言葉で表現する努力をしていたことになる。西田哲学が難解だとされる理由の一つはこの点にあると考えられる。

「純粋経験」という言葉からは個人の特殊な経験や意識状態をイメージしやすいが、西田のいう「純粋経験」はむしろ私たちにとっての〈生《なま》の現実〉とでも呼べるようなものである。実在は「現実そのままのもの」だといわれるが、私たちが夕日を見て「ハッ！」とするように、経験の原初形態である〈生の現実〉は主客未分である。そこでは自己と世界は別個に存在するのではなく、一体のものとして分かちがたい。〈生の現実〉には汲《く》み尽くすことのできない豊饒《ほうじょう》さがあり、その現実から主観としての私と客観としての事物とが分節化されてくると考えられる。私たちは、こうしたありのままの現実の一部を意識化し、言語によって対象化している。その源となる〈生の現実〉を主観としての自己に即して表現した言葉が「純粋経験」なのである。それはまた、言葉では言い尽くせない世界を指し示すことで、ありのままの現実の豊かさに気づかせてくれる言葉でもある。

西田はこうした現実との直接的な関わり方を追求した。『善の研究』で論じられる「善」の概念にはその探究が表れている。西田によれば、「善とは自己の発展完成 self-realization である」（①117）とされ、また「善とは一言にていえば人格の実現である」（①131）ともいう。西田によれば、善の状態は意識統一であり、その究極の形態は「主客相没《あい》する」状態であるとされる（①131）。理想的な意識統一の状態としての純粋経験においてこそ、「人格」は実現すると考えるのである。彼によれば、真の意識統一は主観と客観とが分かれていない意識本来の状態であり、私たちの真の人格はこのような時にその全体を現すというのだ（①

121）。西田は、室町時代の画家雪舟を例に挙げて、「雪舟が自然を描いたものでもよし、自然が雪舟を通して自己を描いたものでもよい」（①125）という。つまり、雪舟が自然を水墨画に描くことを通して、大いなるものとしての自然＝世界が自己を表現しているとみるのである。

「自己の発展完成」とか「人格の実現」などといえば、日常を離れた特別なことと思われるかも知れない。だが、私たちの日常生活のなかで考えるならば、人がそれぞれ最も自分らしくあること、といえるだろう。さらに思い切って言い換えるならば、あなたが一番あなたらしくあること、私が一番私らしくあることこそが善なのだ。西田自身も「個人性の実現」（①126）が善であるという。『善の研究』の考え方では、我を忘れて夢中になっているような時にこそ最も自分らしくあり、そうした形で自己が発揮されることが理想とされる。その意味で純粋経験は、「私が本来の私になる経験」であるともいえるだろう。

他者への愛と共感

この純粋経験は、他者との関係においても語られている。それは他者への愛や共感の源泉として捉えることができるのだ。

『善の研究』では、愛とは自己と他者とが一つとなる感情だという。西田は愛を「自他一致の感情」あるいは「主客合一の感情」（①125）としており、また「親が子となり子が親となり此処《ここ》に始めて親子の愛情が起るのである」（①157）とも述べている。このように語られる愛とは、主客合一の純粋経験だと考えていいだろう。

また西田によれば、知ることと愛することとは同じ精神の働きであって、他者の感情に共感することが、他者を愛することであり、そして知ることであるという。例えば次のような言葉がある。

我々が他人の喜憂に対して、全く自他の区別がなく、他人の感ずる所を直《ただち》に自己に感じ、共に笑い共に泣く、此時我は他人を愛し又之を知りつつあるのである。愛は他人の感情を直覚するのである。（①157～158）

西田は、愛とは他者の喜びや悲しみに共感するものだと語る。その時、私はその人を愛し、そして知ることになるというのだ。純粋経験は他者の感情に共感すること、他者を慈しむ愛として経験されるものでもある。

さらに西田の考えでは、愛する対象は人間だけにとどまってはいない。「我々は愛する花を見、又親しき動物を見て、直に全体に於て統一的或者《あるもの》を捕捉するのである」（①70）と西田はいう。人間に限らず、花にしても、動物にしても、私たちは愛することができる。そして、そのものを愛するということは、そのものと一致する、一つとなることなのだ、と彼は考えていた。

我々が物を愛するというのは、自己をすてて他に一致するの謂《いい》である。自他合一、其《その》間《かん》一点の間隙《かんげき》なくして始めて真の愛情が起るのである。我々が花を愛するのは自分が花と一致するのである。月を愛するのは月に一致するのである。（①157）

ここまで本章で述べてきたように、『善の研究』のキーワードである「純粋経験」は多様な観点からみることができる。すなわち、何かを見たり聞いたりする瞬間、スポーツや芸術における技能の習熟、「私」の意識が生まれてくる源、私が本来の私になること、そして他者を愛しその喜びや悲しみに共感し、花や動物も含めて愛するものと一つになること——。純粋経験は私たちの生活からかけ離れた特殊な出来事なのではない。むしろそれは、私たちが生きることの根源となっているようなものなのである。

第三章　すべてを包む「場所」

西田哲学の展開――「自覚」の立場

西田は一九一〇（明治四三）年から一九二八（昭和三）年まで京都帝国大学に在職した。この十八年の間に、哲学的探究の立場としては「純粋経験」から「自覚」、そして「場所」の立場へと発展させていった。本章では西田哲学が新境地に達したとされる「場所」の立場を中心にみていく。だが、「場所」について論じる前に、まずは西田の思索の展開に沿って「自覚」の立場に目を向けておきたい。西田の思索は生涯にわたっていくつかの発展をみせたが、一つの根本的立場を設定してそこからすべてを説明しようとする姿勢は一貫していた。実在の探究（世界の真の姿を見極めること）を一つの根本的立場から進めるという、根源への志向性において一貫していたといえる。その根本的立場を表明するキーワードが思索の過程で変化していったのである。

『自覚に於ける直観と反省』（一九一七年）は、京大着任後に約四年（一九一三〜一七年）の歳月をかけて書き継がれた論文を一冊にまとめて出版された著作である。ここで示されたのが「自覚」の立場であるが、その思索は西田にとって厳しく苦しいものだったようである。同書の「序」で彼は次のように語っている。「此書は余の思索に於ける悪戦苦闘のドキュメントである。幾多の紆余《うよ》曲折の後、余は遂に何等の新らしい思想も解決も得なかったと言わなければならない」（②11）。著者の溜息さえ聞こえてきそうな落胆の言葉である。こうした西田の悪戦苦闘を通じて明らかにされたのが「自覚」の立場である。

西田はこの本で、主客未分の純粋経験と、主観と客観の二分法によってそれを捉える反省的思惟《しい》との関係を説明することを課題とした。つまり、私たちが夕日を見て「ハッ！」としたり、我を忘れて楽器の演奏に没入したりすることと、こうした体験をふり返って考えることとの関係はどのようになっているのか。それを明らかにすることが課題となったのである。「自覚」の立場はこれを解決するものだった。『自覚に於ける直観と反省』の「序論」の冒頭では次のように書かれている。「直観」「反省」「自覚」という三つの言葉に注目しながら読んでいただきたい。

　直観というのは、主客の未だ分れない、知るものと知られるものと一つである、現実その儘《まま》な、不断進行の意識である。反省というのは、この進行の外に立って、飜《ひるがえ》って之を見た意識である。〔……〕／余は我々にこの二つのものの内面的関係を明《あきらか》にするものは我々の自覚であると思う。自覚に於ては、自己が自己の作用を対象として、之を反省すると共に、かく反省するということが直に自己発展の作用である、かくして無限に進むのである。反省ということは、自覚の意識に於ては、外より加えられた

偶然の出来事ではなく、実に意識其者《そのもの》の必然的性質であるのである。（②13）

ここで「直観」といわれているものが『善の研究』での純粋経験に相当する。これに対して「反省」は直観の外側からこれを見た意識だとされ、主客の二分法による反省的思惟のことである。西田によれば、直観と反省との関係を明らかにするものが「自覚」だという。自覚においては、自己が自己の作用（働き）を反省するとともに、反省することによってものの見方が無限に深まっていく。そこでは反省は外から加えられたものではなく、むしろ直観と反省を両方とも含んでいる。西田は純粋経験（＝直観）に対する反省を含み込んだ、より包括的な立場として「自覚」の立場を構想したのである。

自己のなかに自己を映す

西田はこのような自覚を、自己のなかに自己を映す（写す）ことだと考えた。西田自身が挙げている具体例から自覚のイメージを捉えてみたい。西田はJ・ロイスの「自己表現的体系」（self-representative system）の思想にヒントを得て、次のような例を挙げて説明している。

ロイスの云う様に、自己の中に自己を写すという一つの企図から、無限の系列を発展せねばならぬのである。例えば英国に居て完全なる英国の地図を写すことを企図すると考えて見よ。或一枚の地図を写し得たということが、既に更に完全なる地図を写すべき新《あらた》なる企図を生じて来る、斯《か》くして無限に進み行かねばならぬことは尚両明鏡の間にある物影が無限に其影を映して行くのと一般である〔……〕。(②14)

ここで「自己の中に自己を写す」というのが自覚に当たる。西田は英国にいて「完全なる英国の地図」を写すというロイスの挙げる例を手がかりにして、自身が考える無限に進行する自覚のイメージを説明している。つまり、自分が英国にいて完全な英国の地図を写すには、地図を写している自分自身も地図のなかに書き込む必要があり、そして何より自分が写している地図自体もそこに書き込む必要がある。その地図もまた完全な地図でなければならないのだから、地図のなかに地図を写す作業が果てしなく続いていくことになるのだ。地図の例とともに挙げられる両明鏡の例は、合わせ鏡の間にある物を二枚の鏡が幾重にも映し合うことを想像できるだろう。西田はこうした例を挙げながら、自己のなかに自己を写して(映して)無限に進行する作用として自覚を説明している。

無限に深まっていく働きとしての自覚を、私たちの日常生活に引き付けて考えてみたい。思いがけず夕日を目にして「ハッ！」とする瞬間。一つの場面のなかに夕日も私も溶け込んでいる。この主客未分の状態はいわば純粋経験であり、言い換えれば直観である。これに対して「私は夕日を見ている」と意識することを反省的思惟（反省）という。ここでは主観としての私が客観としての夕日を捉えている。直観が反省されているのだ。さらに続けて、「夕日を見ている私は懐《なつ》かしい気持ちだ」と、私が夕日を見ている経験をさらに反省するかも知れない。そこからさらに、「懐かしい気持ちで夕日を見ている私は、幼い頃を思い出しているんだな」といった新たな反省が生じるかも知れない。このように一つの直観が反省され、その状態からさらに新たな反省が生まれてくる。このプロセスはどこまでも続いていく可能性がある。自覚とは、このように夕日を見た瞬間の直観と、「私は夕日を見ている」という反省とを両方とも含んで無限に発展していく働きである。

身体の動きを通しての自覚も考えられる。例えば、スポーツや芸術で技能を熟達させていく場合。これも前章で挙げた例だが、水泳の習い始めのうちは手足の動かし方や息継ぎの仕方を細かく意識しながら練習するが、慣れてくると動きがスムーズになる。ピアノを弾く場合でも、初めは楽譜を見ながら指の動かし方に注意して弾いていたのが、練習を積んで慣れてくると滑らかに弾けるようになる。このように、練習によってスムーズな動きを身に付けて、無意識のうちに身体が動くようになった状態を純粋経験、あるいは直観とみることができる。ところが、それまで自然にできていた動きを意識すると、かえって動作がぎこちなくなることがある。この時、「私が身体を動かしている」という主客の二分法による意識が働き、身体の動きが反省されている。ここでは反省はスムーズな動きを妨げていることになる。意識はこうした両価性をもつにしても、身体の動きを意識して反省することは、技能を熟達させるうえで欠かせないことだ。水泳のフォームでも、ピアノの運指でも、必要な動きを練習の過程で意識化し反省するに違いない。こうして反省された身体の動きが身に付いて直観となり、その直観された動きがより高度なレベルでまた反省され、その動きが身に付いてより高度な直観となる。技能の熟達はこのようなプロセスとして考えることができる。西田のいう自覚は、この直観と反省の両者を含んでどこまでも進んでいく働きなのである。

こうした自覚は、自己のなかに自己を映して無限に進行する作用として理解することができる。私が夕日を見る経験であれば、夕日をめぐる直観と反省が幾重にも私のなかに映し出されていく。あるいは、直観と反省を繰り返しながら技能を熟達させていくことは、私の身体の動きを私のなかに映し出していく自覚が次第に深まっていくことである。

「自覚」から「場所」へ

「自覚」をめぐる思索は西田にとって険しいものだったが、その探究を突き進めた先に到達したのが「場所」の立場である。ここに至る時期、西田自身の生活に関していえば、京大教授という学問の世界では揺るぎない地位にありながら、家族生活は試練に直面していた。五年余りに及ぶ妻の病臥《びょうが》と死、長男の急な病死、さらに娘たちの相次ぐ病気と、家族の病と死にたびたび見舞われることとなった。

「場所」の立場は、哲学的探究の険しさと家族生活の試練とに堪えながら思索を続けた西田がたどり着いた新境地だった。一九二六年、西田は「場所」という論文を発表したが、門下生の務台理作に宛てた手紙のなかで、「私は之によって私の最終の立場に達した様な心持がいたします」（⑳169）と同論文についての所感を述べている。「私の最終の立場」といえるほど新しい境地を拓くものと感じられたのである。西田の思索はその後も発展を遂げたので、実際には最終の立場とはいえないが、「場所」の立場は彼の思索の大きな発展を示すものであり、その後の思想展開のベースとなるものであった。

当時、西田の二つの論文「働くもの」と「場所」について、次のような評価がなされた。「余は既に其の学説を呼んで博士の名を冠して『西田哲学』と称するに値する程其の体系を整えたるものありと考える」（左右田《そうだ》喜一郎「西田哲学の方法に就いて」[*12]）。つまり、「場所」

の立場に到達した西田の哲学的思索の体系性によって「西田哲学」と呼ばれたのである。

一九二七年、『働くものから見るものへ』と題された西田の論文集が出版された。彼が五十七歳の年である。論文「働くもの」も「場所」も同書に収められている。この本の「序」で、西田は自らの立場を次のように述べている。

> 有るもの働くもののすべてを、自ら無にして自己の中に自己を映すものの影と見るのである、すべてのものの根柢に見るものなくして見るものという如きものを考えたいと思うのである。(③255)

抽象的な表現でありながら、ここには西田の「場所」の考え方と、それと結びついている「無」の考え方がよく表れている。また「自己の中に自己を映す」という言葉からは、彼の思索が「自覚」の立場から発展したものであることが読み取れる。

また同じく「序」の終わりでは次のように書いている。

> 形相《けいそう》を有《う》となし形成を善となす泰西《たいせい》文化の絢爛《けんらん》たる発展には、尚《とうと》ぶべきもの、学ぶべきものの許多《あまた》なるは云うまでもないが、幾千年来《いくせんねんらい》我等の祖先を孚《はぐく》み来《きた》った東洋文化の

根柢には、形なきものの形を見、声なきものの声を聞くと云った様なものが潜んで居るのではなかろうか。我々の心は此の如《かく》きものを求めて已《や》まない、私はかかる要求に哲学的根拠を与えて見たいと思うのである。（③255）

西田は「有」を根本とする西洋文化に対して、東洋文化の根底にはいわば「無」の考え方が潜んでいるとみている。東洋文化には「形なきものの形を見、声なきものの声を聞く」といった、「無」を求めるような要求があるのだが、それを言葉によって筋道を立てて説明してみたい。西田の言葉はおおむねこのように読み取れる。その意味で彼の哲学は、「無」というものを言葉を使って説明しようとしたという性格をもっている。西田は東西の両文化に刺激を受けながら、より根本的な立場から世界を説明しようと独自な哲学的思索を展開したのである。

有と無

西田における「場所」の概念は、「無」についての考え方と結びついている。そこで、彼の思想を理解するために、まずは「有」と「無」の意味について本書では次のように整理しておきたい。

「有」とは、形があって「あれ」とか「これ」と指し示すことができるものや、形はなくても意識したり考えたりすることのできるものである。例えば、今あなたが手にしているこの本は、形がある物体なので紛れもなく「有」である（電子書籍の場合は紙の本ではないが、本書のデータを表示している電子機器は「有」である）。また、私たちが生きている時間や空間も「有」である。時間や空間はそれ自体の形を取り出すことはできないが、私たちは常に時計やGPSによって時間的・空間的な位置を計測しているし、何よりも時間や空間はあるものとして私たちは意識している。つまり、形のあるもの、「あれ」「これ」などと対象化できるもの、私たちが意識できるもの、これらはすべて「有」である。

これに対して「無」は、形がなくて、「あれ」とか「これ」と指し示すこともできなければ、意識したり考えたりすることもできない。

西田の考え方は、「有」であるすべてのものの根底に「無」を考える立場である。まずはこのように理解しておく。

だが、このようにいうと、そこに一つの矛盾があることに直ちに気づくはずだ。そもそも「無」は意識したり考えたりすることができないといっても、すでに「「無」は意識したり考えたりすることができない」と考えているではないか。これはすでに「無」を意識していることになる。このように意識された「無」は、もはや本当の「無」ではなくて

「有」なのではないか。こうした疑問が湧き上がるはずだ。

この疑問はとても重要である。西田が取り組んだのもまさにこの問題だったのである。前章でみた「純粋経験」と同様、「無」についての思索もまた、言葉で捉えることのできないことについて、言葉によって説明しようとしていたことになる。むしろ、言葉では捉えられないということを、言葉を尽くして説明しようとしていたともいえる。言語によって把握できない事柄について、どこまでも言語によって迫っていこうとする。言語の限界に挑戦するかのような思索の強靱《きょうじん》さは西田哲学の特徴である。

それでは、「無」は本当には言葉で捉えられないとして、それは「場所」の考え方とどのように関わっているのか。西田は「場所」をどのように考えたのだろうか。

場所の重層性

「場所」をめぐる西田の思索は複雑であり、その論述も抽象的である。だが、「場所」の考え方をあえて簡潔に表現するならば、「あらゆる物事は何らかの場所に於《お》いてある」という考え方である。西田自身、論文「場所」の冒頭近くで「有《あ》るものは何かに於てなければならぬ、然《しか》らざれば有るということと無いということとの区別ができないのである」（③415）と述べている。

ただし、そのような場所は、空間に位置を占める物理的な場所にとどまらず、「AはBである」といった判断が成立する論理的な場所、さらにそれらを私たちが意識する際の意識という場所など、多様な意味を含んでいる。西田は、物理的空間のなかの場所や、命題で表される判断が成立する論理的な場所を包括して、それらを意識に映し出す場所を構想している。その意味で西田の「場所」の概念は重層的である。[*13]

ここは難解なところなので、できるだけ私たちの日常生活の現実から離れずに考えていきたい。

まず、私たちに最も馴染みのある「場所」の意味は、やはり空間に位置づけられる物理的な場所だろう。私たちがこの世界に生きている以上、必ず何らかの場所に存在している。今あなたはどこにいてこの本を読んでいるのだろうか。それは自宅であるかも知れない。どこかのコーヒーショップであるかも知れない。あるいは移動中の電車のなかであるかも知れない。それぞれどこかの場所にいてこの本を読んでいるはずだ。この世界に生きていながら、物理的空間としてどこにもいないということはあり得ない。当たり前すぎて考えたこともないかも知れないが、「私がいる」ということは必ずどこかの場所にいるということなのだ。これは、私たちが身体をもって生きている以上、必然的なことである。

だが、西田が考える「場所」とは、こうした物理的な場所にとどまらない。彼の考え方では、私たちが物事を判断することと場所の論理とが結びついている。例えば「私は教師である」といった命題の形で判断を表すことができる。この場合、私は教師という範疇《はんちゅう》（カテゴリー）に含まれる一つの個体であることになる。西田の考え方では、ここで私は特殊なもの、教師は一般的なものと捉えられ、私は教師という場所においてあると考えられる。このように、命題の形で判断が成立する場合に、主語（私）に対する述語（教師）も、場所として考えられるのである。これはいわば、判断を成立させる論理的な場所とみることができる。

さらに、西田の場合、以上のような物理的な場所や論理的な場所を包括するものとして、それらを意識の内容として映し出す場所が想定されている。いわば、物理的な場所も論理的な場所も意識という場所に映し出されたものであり、すべての事象を映し出す意識を根源的な場所と考えるのである。

このように重層的に構想された「場所」の思想をより詳しくみていこう。

述語の論理

西田は物理的な場所に還元することのできない、判断の成立する場所について論じている。物事を知る、あるいは判断するということを、場所と結びつけて考えるのである。こうした論理的な場所の探究は、この世界にあるさまざまな物や、世界に起こる出来事、そして私たちが意識している事柄、すなわち「有」であるものが、究極的にはどこにあるのかを問うことになる。西田の言葉に立ち返ってみてみよう。彼は、最も厳密な意味で知識と考えられるものは「判断的知識」だとして、次のように述べている。「判断は主語と述語とから成り立つ。特殊なる主語が一般なる述語の中に包摂《ほうせつ》せられるのが判断の本質である、包摂判断が判断の最も純なる形と見ることができるであろう」（「働くもの」③390）。

噛み砕いて説明しよう。例えば「私は教師である」とか「桜は植物である」といったように、「SはPである」という形の文を想定してみる。この文は「SはPである」と判断していることを意味する。ここでS（主語）はP（述語）に対しては特殊なものであり、P（述語）はS（主語）に対しては一般的なものである。「SはPである」という判断は、Sという特殊なものが、Pという一般的なものによって包み込まれることを意味している。「私は教師である」という判断ならば、私という個人（特殊なもの）が教師という職業（一般的なもの）に包まれ、「桜は植物である」という判断ならば、桜という植物の種類（特殊なもの）が植物という生物の分類（一般的なもの）に包まれるという関係にある。このように、一般的なもののなかに特殊なものを包み込む形の判断が包摂判断であり、西田はこれを最も根本的な判断の形式だと考えたのである。ここでは主語は「包まれるもの」、述語は「包むもの」という関係が成り立っている。そして「SはPである」ということは、「SはPにおいてある」ことであり、述語Pは、主語Sがそこにおいて存在する場所という意味をもっているのである（「場所」③464も参照）。

包摂判断をめぐる西田の論理は「述語の論理」あるいは「述語的論理」といわれている。[*14]これはアリストテレスによる「主語の論理」（「主語的論理」）にヒントを得て考えられたものである。

アリストテレスは「主語となって述語とならないもの」を「基体」（個物）と考えた。アリストテレス的な「主語の論理」は判断における主語を中心に作られた論理である。例えば、「この鳥は文鳥である」「この鳥は小さい」「この鳥は人なつこい」といった形で、「この鳥」を主語とする文を作ることができる。ここでは、「この鳥」という主語が、「文鳥」「小さい」「人なつこい」とさまざまな述語をもっていると考えられる。主語（特殊なもの）が述語（一般的なもの）に包まれるというよりも、むしろ述語が主語に所属するさまざまな性質として捉えられるのである。ここで主語である「この鳥」は、どこまでも特殊なものであって、一般的なものである述語になることはできないと考えられる。

これに対して西田が考えた「述語の論理」は、判断における述語を中心に作られた論理である。西田はアリストテレスの発想を逆転させて「述語となって主語とならないもの」

を考えた。

述語の論理は次のように考えられる。例えば、「この鳥は文鳥である」「文鳥は動物である」「動物は生物である」という形で、「この鳥」を主語とする判断を述語の方向に発展させていくことができる。ここでは、「この鳥」（特殊なもの）は「文鳥」という一般的なものに包まれ、それがさらに「動物」→「生物」と順次、より一般的なものに包まれるという関係になる。これを言い換えれば、この鳥は文鳥という場所においてあり、文鳥は動物という場所においてあり、動物は生物という場所においてある、と表現することもできる。

ほかの言葉を主語として「述語の論理」を組み立てることもできる。例えば、「この花は桜である」「桜は植物である」「植物は生物である」といった形。あるいはまた、「私は人間である」「人間は動物である」「動物は生物である」といった文を作ることもできる。するとどうだろうか。これまでに挙げた三つの主語「この鳥」（文鳥）と「この花」（桜）と「私」とは、いずれも「生物」という述語にたどり着いた。包摂判断では主語が述語に包まれるので、次のように表現することもできる。「この鳥は生物である」「この花は生物である」「私は生物である」。主語となっているそれぞれの個物について、等しく「生物」という述語が当てはまる。

西田の考え方では、これは生物という一般的なものが、この鳥や、この花や、私という特殊な形で表れていることを意味している。このように一般的なものが特殊なものの形をとって表れることを、西田哲学の用語では「一般者の自己限定」という。生物は生命が具現化したものだと考えれば、生命という一般的なものが自己を限定して特殊な形をとって、この鳥になり、この花になり、そしてこの私になっている、と考えることができる。

「述語の論理」によって世界を考えてみると、この世界の事物は一般的なものが特殊な形をとって表現されたものだとみることができる。それとともに、この鳥も、この花も、この私も、共に生命という場所においてあると考えられるように、個としては別々のものを述語的な共通性によって結びつけて考えることもできるのである。

だが、主語を述語によって包むという包摂判断を述語の方向にどこまでも進めていったら、最後はどこに行き着くのだろうか。「述語となって主語とならないもの」にたどり着くのだろうか。最も一般的な述語とはどのようなものだろうか。その極限に想定されているのが「絶対無の場所」である。

絶対無の場所

西田による「場所」の思想は重層的に構想されている。まず、私たちが常識的に考えている物理的な場所、さまざまな物があり出来事が起こる空間的な場所のことは「有の場所」といわれる。それを私たちは世界の現実として意識している。だが西田によれば、私たちが何かを意識するということは、意識されたものを映し出す場所があって、そこに映し出されたものが意識されていると考えるのである。西田はその場所を「意識の野」と名づけている。「意識の野」そのものは見えないが、「有の場所」を包んでいる無の場所と考えられる。これは「有の場所」に対立する無の場所として、「対立的無の場所」とも呼ばれる。

私たちの思考内容はことごとく「私の意識」を述語として判断することができる。例えば、どんなことでも構わないので、あなたの頭に思い浮かべてみるといい。その事柄について、「……、というのは私の意識である」と必ず言えるはずである。例えば、「見事な夕日だ、というのは私の意識である」という具合に。西田によれば、「判断の立場から意識を定義するならば、何処までも述語となって主語とならないものと云うことができる」(「場所」③469)という。アリストテレスの「主語の論理」にヒントを得て「述語の論理」を編み出した西田は、意識というものを「述語となって主語とならないもの」だと考えたのである。どのようなことを思っても「私の意識」を述語として判断することができる。意識内容はすべて「意識の野」に映し出されたものなのである。

だが、「……、というのは私の意識である」という形で「意識された意識」ではなくて、まさにそれを「意識する意識」とはどのようなものだろうか。「……、というのは私の意識である」という表現が可能であるのは、そのことを意識している私がいるということではないだろうか。では「私の意識」を意識している私とは何者であり、どこにいるのだろうか。実は、私の意識はどこまで反省していっても限りがない。「……、というのは私の意識である、というのは私の意識である、……」と無限に続いてしまうからである。「意識された意識」ではない「意識する意識」にはどこまで行ってもたどり着くことができない。とするならば、「意識する意識」としての私は、いったい存在するのか、存在しないのか。

西田によれば、こうして無限に続いていく作用の極限に想定されるのが「真の無の場所」に他ならない。「包摂的関係に於ての一般的方向、判断に於ての述語的方向を何処までも押し進めて行けば、私の所謂真の無の場所というものに到達せなければならない」（③467）というのである。このような究極的な場所は「絶対無の場所」とも呼ばれている。

我々が意識として意識するものは、限定せられた無の場所である。併《しか》し限定せられた無の場所も一種の有である、有に対する無も亦《また》一種の有たるを免れない。対立的無の場所として限定せられる限り、意識せられた意識を見るのであるが、対立的無も亦一種の有として、真の無即ち絶対無に於てあると云うことができる。意識する意識というのは絶対無の場所ということができる。（「取残されたる意識の問題」⑦222）

西田はこのように「意識する意識」は「絶対無の場所」だという。つまり、それはどこまでも「有」として対象化することはできないのである。したがって「絶対無の場所」という言葉は、本来は対象化して捉えることのできないものに名づけられた仮の名前であると考えるしかない。そうであるとすれば、「意識する意識」としての私も、「存在する」という形では表現できないものである。いわば私とは、意識内容を無限に映し出し、反省していく可能性をもった作用（働き）であり、喩《たと》えていうならば、あらゆるものを映し出す眼のようなものである。眼それ自体は見ることができず、映し出されたものを通して眼の働きを想像できるだけである。西田が考えた「絶対無の場所」は、あらゆるものを映し出して、すべてを包んでいる。宇宙さえも包み込んでいる無限に広い場所なのである。

意識の外部を想像する

「絶対無の場所」は気の遠くなるような話であり、日常生活からかけ離れた考え方であると思われるかも知れない。だが西田の「場所」の思想は、私たちが生活のなかで他者のことやさまざまな事物をどれだけ意識できているかという、極めて現実的な問題と無縁ではない。私の意識はどこまで反省していっても限りがないのだが、これを言い換えれば、現在の私の意識はあくまでも暫定的なものであり、どこまでも反省していく余地があるということでもある。日常的にも、誰かと言い争いのような議論になった後で、「あの時は言い過ぎたかも知れない」、「あの人の立場ではこういう心境だったかも知れない」などと反省することはいくらでもあるのではないだろうか。

「場所」という考え方は、私たちの意識が常に限定されたものであり、相対的なものであることに気づかせてくれる。現在の私の意識は限られたものでしかありえず、意識は無限に反省される余地がある。「場所」という言葉を使って表現すれば、現在の意識はある限定された場所（範囲）に映し出されたものであり、それは常により広い場所（範囲）において反省される可能性があるのだ。「意識する意識」＝「絶対無の場所」に到達できないことは先ほどみた通りだが、「意識の野」に映し出された意識内容ですら極めて限られたものであるに過ぎない。いったい私たちは、他者や世界のさまざまな事物をどれだけ意識しているだろうか。私たちには他者や世界について意識できていない膨大な意識の外部があるはずである。要するに私たちは他者のことも世界の物事もよく分かっていないのである。今、私が意識していることはあくまでも限定的であり、他者もまた、私がうかがい知れない「意識の野」をもっている。他者は私が知りえない世界を生きているといってもよい。それに気づくこと自体が、他者を尊重することにもつながる。こうしたことを意識化することは、西田の思想から読み取れる倫理的なインプリケーション（示唆）である。

私たちが捉えている現実はそれぞれの意識に映し出されたものであり、その意味で相対的なもの、限定されたものである。その現実は無限に反省していく可能性に開かれている。西田の「場所」の思想は、現実を意識することをめぐるこのような思考を触発している。

第四章　歴史的世界の自己表現

定年退官――人生の来《こ》し方行く末

西田は一九二八(昭和三)年八月に京都帝国大学を定年退官した。このとき彼は五十八歳だったが、定年がこの時期となったのは、幾多郎の少年時代に父得登《やすのり》の配慮により、戸籍上の生年が、実際より二年早い一八六八(慶応四)年に書き換えられていたためである(第一章参照)。戸籍の書き換えは少年西田の進学には有利だったとしても、これにより定年の時期が早まったことは京大の研究・教育活動の発展にとっては損失となったといえるかも知れない。だが別の見方をすれば、西田にとっては公職を退いて自由の身となることで思索が進み、多数の著作が発表されることで日本や世界の哲学・思想の発展にはより大きな貢献がなされたとも考えられる。いずれにしても歴史的な事象を一面的に評価することはできない。

西田自身は退職を半年後に控えた時期に次のように日記に書いている。「哲学概論を終る。これにて義務講義は終了か。心身の軽きを覚ゆ。今後は全く一私人となって唯吾《ただわが》思想の発展に従事」(一九二八年二月四日、⑱152)。身軽になって自分自身の思想の発展に専念できることを喜びと感じたようである。退職後の西田は以前にも増して思索と執筆を進めていった。実際、人生のそれまでの時期と比べて、退職してから他界するまでの約十七年間の方が、出版された著書の数としても上回っているほどである。
退職後も後進たちとの交流が盛んに続けられたことは日記や書簡から確認できるが、この時期の様子を垣間見せる《かいまみせる》ような歌が残されている。比較的短編の哲学論文のほかエッセイなどを収めた『続 思索と体験』(一九三七年)という著作がある。そのなかに「歌 并《ならびに》 詩」として西田の短歌や漢詩が収載されているが、そこに退職の翌年(一九二九年)の作品として「此頃屢々《しばしば》マルキスト来り《きたり》マルクスを論ず」との言葉を添えて次の歌が載せられている。
「夜ふけまで又マルクスを論じたりマルクスゆゑにいねがてにする」(⑦367)
夜遅くまでマルクスについて論じ合い、その興奮が醒《さ》めず寝付かれない様子が伝わってくる。こうした点にも西田の思索への情熱が表れているといえるだろう。
同じ年の一月、初めて鎌倉で冬を過ごしていた西田は、鎌倉から田辺元《はじめ》に書き送った手紙のなかで海にまつわる三首の歌を認《したた》めている。手紙の追伸のような形で、「自分のこし方《かた》行く末を考えていろいろの感慨にふけります。そういう時は唯海辺に出て遥《はるか》に海を見ています」との言葉を添えて歌を書き付けているのだが、その一つを紹介しよう。
「天地《あめつち》の分《わか》れし時ゆよどみなくゆらく海原《うなばら》見れど飽かぬかも」(一九二九年一月二十日、⑳299)
『万葉集』を連想させる言葉遣いによる素朴な雰囲気の歌であるが、悠久の時のなかで波が揺らぎ続ける海を眺めながら、人生の来し方行く末について物思いにふけっていた様子が想像される。西田はこのように歌を詠むことを通じて人生の時々の所感を表現していた。抽象的な哲学論文とは異なる西田の横顔というべきかも知れない。

西田自身の「行く末」について、退職後数年の出来事としては、津田英学塾教授であったクリスチャンの山田琴との再婚や、鎌倉に家を入手して春と秋を京都で夏と冬を鎌倉で過ごす生活への移行といったことがあり、晩年に向けてのライフスタイルが作られていくのである。

後期西田哲学への展開

西田哲学の展開についてみると、「場所」の立場に到達したところで退職の時期を迎えたことになる。本書でたびたび述べるように、西田は一貫して一つの根本的な立場から一切の世界を説明する努力を続けた。だが、生涯にわたる思想展開の過程で探究の重心が変化していったのも事実である。

西田哲学をどのように時期区分するかは学問的な検討課題であるが、[*15]本書では前期・中期・後期の三区分で考えてみたい。前期においては「純粋経験」から「自覚」へと、世界を説明する根本的立場の究明に思索の力点が置かれた。その過程を経て到達したのが「場所」の立場であり、本書ではこれを中期とみる。そして後期においては、「場所」の立場を基本としながら世界の諸事象――さまざまな学問や文化、芸術、宗教など[*16]――を説明することへと傾注していった。

後期西田哲学の用語は、それまでの時期と比べて多彩であり、より複雑なものとなっている。後期のキーワードとしては、「歴史的世界」「弁証法的世界」「行為的直観」「絶対矛盾的自己同一」などが挙げられるが、「純粋経験」「自覚」「場所」といったそれまでのキーワードと比較してより複雑で、しかも概して厳《いか》めしい印象を与えるのではないだろうか。後期のキーワードが複雑であるのは、「～的～」という形で二つの要素を組み合わせて作られている点によく表れている。しかも、西田哲学の難解さを象徴するかのような「絶対矛盾的自己同一」という用語に至っては、「絶対矛盾」と「自己同一」というそれ自体矛盾すると見える二つの言葉が「的」という言葉によって結び付けられているのである。

だが本章では、後期西田哲学の用語を一つ一つ取り出して解説する形はとらない。むしろ晩年に至る西田の立場を「歴史的世界」の立場として捉えて、私たちの自己と世界との関係を西田はどのように考えていたのかを読み取ることに努めたい。

永遠の今の自己限定

西田は一九三二年に「私と汝《なんじ》」という論文を発表した。「汝」は二人称の代名詞を表す古語であり、同等以下の相手を指す言葉として「おまえ」というくらいの意味をもつ。もっとも西田の場合には、特に目下の相手を指す意味はないので「あなた」という意味で理解すればよいだろう。

論文「私と汝」は西田の他者論であり、「私」と「あなた」といえるような他者が現実の世界でどのように関わっているのかを明らかにしている。この論文は「場所」の立場に基づく中期の論文と見なせるとしても、そこにはすでに「歴史的世界」という言葉が登場している。西田によれば「私と汝とは同じく歴史に於てあり、歴史によって限定せられたもの」として考えられ、私と汝は共に「歴史的世界に於てある」（⑤333）という。ここでいう「歴史」や「歴史的世界」とは、私と汝が共にいる場所を示しているのだが、西田のいう歴史は時間の観念と関わっていた。彼は時間を「永遠の今の自己限定」として捉えている。

私たちは時間をどのように考えているだろうか。時間は過去から現在、そして未来へと、ずっと流れ続けているように考えているのではないか。これは直線的に連続する時間のイメージといえるだろう。しかし西田によれば、「時は一瞬一瞬に消え、一瞬一瞬に生れる」という。「非連続の連続」として時を考えるのだ（⑤268）。

このように考えてみたらどうだろう。私たちは、過去や未来の時を生きることができるだろうか。時間には過去・現在・未来があるとしても、私たちが生きているのは、常に現在、今この瞬間である。しかも、「今この瞬間」を意識した時には、もうその瞬間は一瞬だけ過去になっている。常に「今」はその瞬間に過ぎ去っていく。そして私たちは、いつも新しい一瞬一瞬を生きているのだ。

このように「時は一瞬一瞬に消え、一瞬一瞬に生れる」。一瞬一瞬はつながっていないが、そのような瞬間が続いていく。「非連続の連続」である。こうした時間の観念を西田は「永遠の今の自己限定」と表現し、「私と汝とは〔……〕永遠の今の自己限定として、即ち働くものとして、共に永遠の今に於てある」（⑤288）という。

常に現在という瞬間を生きている私たちは、過去の出来事からさまざまな影響を受けている。だが、すべてのことが過去からの影響で決まっているわけではない。西田は「未来からの限定」という言葉を使って次のように述べている。

私も汝も共に働くものとして瞬間的限定の尖端《せんたん》に於て未来からの限定の意味を有《も》って居るのである。我々は是《ここ》に於て環境的限定から離れると考えることができる、過去からの必然的限定を脱して自由となり、創造的となると云うことができる。我々が各自に有する意識面と考えられるものは、斯《か》く未来からの限定の意味に於て考えられるのである。（⑤288〜289）

私たちは何かの行為をする（「働く」と西田はいう）。その行為は過去の経験や周囲の環境によってさまざまな制約を受けている。だが、私たちの行為はすべて過去や環境の影響によって決定されているわけではない。私たちが今、何をするかという行為選択（「瞬間的限定の尖端」）によって未来を創造するものと考えられる。このことを西田は「未来からの限定」という。つまり、私たちの行為は過去から自由となって未来を創っていくという意味をもつのである。

ここでもスポーツや芸術における技能の習熟という例で考えてみたい。今どのようなレベルでどのような練習ができるかは、それまでの練習の経験や周囲の環境条件によって否応なく影響を受ける。これはいわば過去からの限定である。だが、今さらに練習を重ねて習熟することによって、以前できなかったことができるようになり、より高度な技能が身に付いていく。その技能によって競技や表現の自由度は広がることになる。これは過去から自由になって未来を創る、という意味をもっているのだ。

あるいは日常生活のなかで、海外からの旅行者が道に迷っているのを見かけることがある。そんな時、自分が少しでも英会話ができるならば Can I help you? などと声をかけてみる可能性が生まれる。英会話が少しできることで、この時に選択できる行為の自由度が広がるのである。だが、この場面で旅人に声をかけてサポートするかどうかは自分次第である。今、自分が何をするかという行為選択によって未来が変わってくる。西田のいう「未来からの限定」とはこのようなことだと読み取れる。

私たちは過去の出来事や周囲の環境によって影響されながらも、私たちの行為を通して過去や環境からの限定を突き破って未来を創っていく。歴史的世界とはそのような世界であり、私も汝もそのような場所においてあると考えられるのである。

「子は親から生れない」

それでは「私」と呼べるような自己はどこから生まれるのだろうか。生物としての私の身体は、もちろん両親の生殖細胞の結合に始まり母胎内での発生を経て産み出されたものである。しかし、「私は私だ」と自覚するような自己はどこから生まれるのだろうか。

西田によれば「個人的自己は唯、個人的自己によって呼び起される」のであり、「私の生れる時、汝がなければならない」という（⑤311・313）。つまり「私」という自己は「汝」という他者によって呼び起こされるのである。人は誰でも乳児として生まれ、親やさまざまな他者から抱っこされたり名前を呼ばれたりしながら成長していく過程で、「私」や「僕」は呼び起こされるように生まれる。

だが西田によれば、親と子はあくまでも独立したものだと考えられている。「我々は絶対の底から生れるのである」という西田によれば、我々の生命は「永遠の今の自己限定」として生まれるものであり、「子は親から生れないという意味がなければならぬ、親と子と同列的なる意義がなければならない」(⑤280〜281)という。あるいは、「我々の人格的生命と考えられるものの根柢には、〔……〕親も子を生まないという意味がなければならぬ、絶対に独立なる個物の統一ということがなければならぬ」(⑤295〜296)とも書いている。

このように「子は親から生れない」、「親も子を生まない」といった意表を突くような表現が可能となるのは、「場所」の考え方がベースとなっているためである。西田の考え方では、「永遠の今の自己限定」といわれる「今・ここ」の現実は限りない広がりと奥行きをもっており、そのような場所＝「歴史的世界」からすべてのものは生まれたということになる。つまり、私たちの自己は最も根源的で包括的な「場所」から生まれてくるものであり、親も子も、そして私も汝も、それぞれが独立したものだと考えられる。「私」として意識されるような一人ひとりの自己は、いわばこの世界のなかに生じた眼のようなものであり、その人に固有のあり方で個性的に世界を映し出している。子どもの身体は親から産み出されるものであっても、世界のなかの眼ともいうべき「私」はそもそも個性的なものとして独立しているのである。

私と汝の応答関係

それでは、そのような私と汝とは日常生活のなかでどのように関わり合うのだろうか。西田は次のように書いている。

私は私の人格的行為の反響によって汝を、汝は汝の人格的行為の反響によって私を知るのである。我々が各自の底に絶対の他を認め互《たがい》に各自の内から他に移り行くということが、真に自覚的なる人格的行為と考えられるものであり、かかる行為に於て私と汝とが相触れるのである、即ち行為と行為との応答によって私と汝とが相知るのである。〔……〕私は汝が私に応答することによって汝を知り、汝は私が汝に応答することによって私を知るのである。〔……〕互に相対立し相応答することによって相知るのである。（⑤306）

西田は、私と汝との間には相互に応答し、響き合う関係があるとみている。応答し合う人と人との関係を「私」と「あなた」の関係として考えると、次のようにいえる。私の言葉にあなたが応えることは、私にとって反響となる。私の言葉があなたに聴かれ、あなたがそれに応えることで私に響いてくるのだ。それによって、私はあなたを知る。また逆に、あなたの言葉に私が応えることは、あなたにとって反響となる。それによって、あなたは私を知る。

西田によれば、私たちはそれぞれの底に「絶対の他」を認め、それを通して「私と汝とが相触れる」という。私とあなたとは「絶対の他」として隔てられているけれど、それを通して私とあなたは互いを知る。私たちは互いに「絶対の他」であるので、お互いを完全に理解することはできない。しかし、だからこそ、私たちは言葉を尽くして話し合うのだ。言葉を通して応答し合い、それが相手にとって反響となる。そのような関係を通して、私はあなたを、あなたは私を、知ることになるのだ。

また西田は次のようにも書いている。「応答によって私が汝を知り汝が私を知ると考えられると共に、汝の応答なくして私は私自身を知ることはできない、又私の応答なくして汝は汝自身を知ることはできないと云うことができる」(⑤306)。つまり、私とあなたが応答し合うことは、ただ相手を知るだけでなく、自分自身を知ることでもある。私とあなたが応答し合う関係、あなたに「あなた」と言ってもらえるような関係を通じて、私は私自身を知ることができる。この時、あなたは私を映し出す鏡となっているのである。

このように、私は他者と呼びかけ合い応答し合う関係を通じて、他者を知るとともに自己自身を知るのである。いわば他者を鏡として、自己の姿を映し出しながら生活しているといえるだろう。親しい者との死別——二人称の死——が言いようもなくつらいのは、呼びかけて応えてくれる他者を失うことであり、それは自己自身の一部を失うほどの痛みを伴うものである、ということを表している。

さらにいえば、現代社会における孤独・孤立という問題には、こうした他者との応答関係の弱さが要因としてある。ネットでつながっていても孤独であるとすれば、電子メディアを介しての人間関係が自己への反響となるような応答関係となっていないのではないか、と考えられるのである。

行為的直観

歴史的世界における自己と他者の関係を主題としたのが論文「私と汝」であったのに対して、私たちが行為すること自体の意味を問うたのが後期西田哲学のキーワードの一つとなる「行為的直観」である。

当時、西田を取り巻く現実の世界は、この国が戦争に踏み込んでいく時代に当たっていた。一九三〇年代、滝川事件（一九三三年）や天皇機関説事件（一九三五年）といった学問の自由が脅かされる事件が相次いだ。憲法学者美濃部《みのべ》達吉《たつきち》の天皇機関説（天皇は法人である国家の最高機関であるとする学説）が国体に対する謀反であると非難され、天皇機関説事件が巻き起こっていた頃、西田はこうした事態への憂慮を友人に吐露していた。例えば次のような言葉が残されている。「私は歴史を重んずるという事は人後に落ちないが、それは生きた本質的なものでなければならぬとおもう。そのため研究の自由というものを圧迫してはならぬ」（一九三五年三月十七日、堀維孝宛葉書、㉑295）。「学者には学問上十分の研究をさせなければ将来真に学問上権威ある日本憲法の理論というものはできないと思う」（同年五月十九日、山本良吉宛書簡、㉑308）。

西田は、学問研究の自由が抑圧されていく状況にあくまでも批判的であった。学者には十分に研究させなくては本当に優れた研究成果は生まれてこないと考えていたのである。西田はこのような時代状況に抗して自由にものを考えようとした一人であった。

学問の自由は、本質的に学者のみに関わる問題ではない。人が自由にものを考え探究すること、そしてその思考内容を発表することは、誰にでも関わる問題である。そして、私たちが思考し表現するという行為は、私たちの自己表現であるだけでなく、私たちの行為を通じて世界が形成されていくという関係をもっている。厳しい時代状況のなかで西田が論じた「行為的直観」は、行為を通しての自己と世界の関係を根本的に探究したものである。

それでは「行為的直観」とはどのような考え方だろうか。西田は次のように述べている。

我々は行為によって物を見、物が我を限定すると共に我が物を限定する。それが行為的直観である。我々が経験を知識の基本と考えなければならぬというのも、経験というのがかかる意味に於ての行為的直観なるが故である。（「行為的直観の立場」⑦101）

彼はまた別の論文では、「私の行為的直観と云うのは、我々の自己が世界の一要素として、世界の内に於て、働くことによって見ると云うことである」（「知識の客観性について」⑨407）ともいう。行為によって物を見るとか、働くことによって見ると考えられる行為的直観の意味を考えてみたい。

私たちが何かの行為を起こす時、私たちをその行為に駆り立てる「何か」がある。その何かに唆《そそのか》されるようにして行為を起こすのである。例えば、見事な夕日を目の当たりにして「ハッ！」とする。これがいわば純粋経験であるが、夕日を見て「スマホで写真を撮りたい！」という思いに駆られて写真を撮る。この行為において、写真を撮りたいと思わせる何かが作用している。その「何か」は一般的には動機や欲求と呼ばれるだろうが、西田はそれを直観という言葉で表現している。私たちの行為はこうした直観によって呼び起こされるのである。

行為と直観との関わりは、直観が行為を触発して誘導するという関係だけではない。逆に行為によって新たな直観を得るという関係もある。例えば、文章を書くという行為もそうだ。まず「書きたい！」と思わせる着想＝アイディアがなくては、文章を書き始めることすら難しい。この着想に当たるものが直観である。それはパッと閃《ひらめ》くような場合もあれば、ジワッと湧き出るような場合もある。ともかくこうした着想を得て文章を書いていく。直観に促されて文章を書くという行為に踏み出すことになる。だが、ひとたび文章を書き出してみると、そこに書き表された文章を読んで気づくことがいろいろと出てくる。「この書き出しならばこの流れだな」とか、「この話の展開には無理がある」などと、書いている最中《さなか》でさまざまなことに気づくのである。書いている文章に続くフレーズが「向こうからやって来る」と感じられる場合さえある。あるいは、自分が書いた文章を読み直して「自分はこんなことを考えていたのか」などと気づくこともある。このように、文章を書いていく最中でさまざまなことに気づくのだが、「気づく」ことは直観である。このように考えれば、直観から行為が生まれ、その行為から新たな直観が生まれるという、直観と行為とが触発し合う関係を看《み》て取れるだろう。

西田が思索した行為的直観は、こうした直観と行為との連鎖し合う関係を捉えることのできる概念である。私たちは、文章を書くことに限らず、写真を撮ること、絵を描くこと、楽器を演奏することなど、さまざまな行為をこの概念によって考えてみることができる。西田は行為的直観について、「物となって見、物となって働く」とか、「物来《きた》って我を照らす」（⑨426）といった印象的な言葉で表現しているが、そこでは行為を触発する直観の重要性が「物」という言葉で表されている。

作られたものから作るものへ

西田は一九三七年に「行為的直観」という論文を発表している。それによれば、行為的直観とは「極めて現実的な知識の立場」、「すべての経験的知識の基となるもの」（⑧215）だという。具体的な現実、あるがままの事実こそ知識の源となるものだという考え方は、「純粋経験」の立場から一貫した西田の考え方だった。私たちの知識はこの世界でさまざまな事物と関わる経験を通じて生み出されている。「我々は歴史的世界に於ける個として認識するのである」（⑧216）と西田はいう。

私たちの常識的なものの見方では、物事を知るということを主客の二分法によって考える。主観としての私と客観としての対象とを対立させて、主観が客観を正しく捉えることが知るということだ、と考えている。こうした主客の二分法により、私（主観）の外側に世界の諸事物（客観）があるという見方になっている。これに対して西田は、自己と世界との関係を異なる見方で捉えている。「世界が私の外側にある」というよりも、「私が世界の内側にある」というふうに考えるのである。私の外側にある世界は私から切り離すことができても、世界の内側にある私は世界から切り離すことはできない。世界は私を包んでおり、私は世界のなかにいる、と捉えるのである。いわば「世界のなかの私」である。

私たちはこの世界のなかでさまざまな行為を通じて知識を生み出している。西田はこうした世界を主体と環境との相互限定の世界と捉えている。彼は生命というものを次のように説明する。「それは主体が環境を、環境が主体を限定し、主体と環境との弁証法的自己同一でなければならない。弁証法的一般者の世界の自己限定として生命というものが考えられるのである」（⑧216）。私たちはさまざまな行為をする。行為の主体である一人ひとりは、主体を取り巻く環境に対して影響を与える（主体が環境を限定する）。また逆に、環境の方も主体に影響を与える（環境が主体を限定する）。世界は、主体と環境とが互いに影響し合っている場所である。生命はそのような世界から生まれたと考えるのである。私たちの自己は世界の内にあり、主体と環境との相互作用という形で、自己と世界とは影響し合いながらこの現実が作られているのである。

西田はこうした考え方を「作られたものから作るものへ」という言葉で表現している。

「作られたものは、作るものから独立したものでありながら、作るものを作って行くのである」（⑧219）。「歴史的実在の世界は作られたものから作るものへと制作的に動いて行く、個性的に自己自身を構成し行くと考えられる」（⑧221）。このような「作られたものから作るものへ」の関係は、西田自身も挙げるように芸術における創作活動に典型的にみられる。例えば、ある画家が着想を得て一枚の絵を描く。その絵（作られたもの）は画家（作るもの）から独立したものでありながら、今度はその作品から作者が新たなインスピレーションを得て創作活動を展開していく、という場合が考えられる。そして画家自身が作品によって作られていくのである。こうした連関は、個人的なレベルにとどまらず社会的なレベルでも当てはまる。画家が描いた絵は作者自身にフィードバックを与えるばかりではない。その絵が他の画家たちに刺激を与えて創作活動に誘《いざな》っていくというつながりも考えられる。絵画における流派（画派）の形成をこうした観点からみることもできるだろう。このようにみると、作られたもの（絵画）が作るもの（画家）を作っていくという関係が社会的な規模でも成り立っていることが分かるはずだ。

西田の考えた歴史的世界は、「作られたものから作るものへ」の連続によって形成され、変化していく世界である。私たちは世界のなかで作られたものでありながら、私たちの行為を通じて世界が作られていく。このことはまた、世界が自己自身を形作っていることだと捉えられる。世界のなかで、個人としての自己は行為を通して世界を構成する一つの要素であると考えられるのだ。西田の言葉でいえば、「個性的に自己自身を構成し行く世界の個性的要素として、即ち歴史的世界の個として、我々は我々の行為の方向を有《も》つのである」（⑧228）ということになる。私たちの行為は世界を作っていく行為という性格をもっているのである。

創造的世界の創造的要素――世界に開かれた自己

後期西田哲学において、世界のなかでの自己のあり方を示す印象的な用語として「創造的世界の創造的要素」という言葉がある。例えば、「我々は創造的世界の創造的要素として歴史的身体的な働きの立場から色々のものを作ってゆく」（「歴史的身体」⑫366）、あるいは我々の自己の一つ一つが「創造的世界の創造的要素として、創造的世界を形成して行く」（「場所的論理と宗教的世界観」⑩320）といわれるのである。つまり私たちは「創造的世界の創造的要素」として、他者や事物と関わることで世界を形作っている。私たち一人ひとりが個性的に世界を映し出し、世界を表現しているともいえる。このことを世界の側から捉え直し、「世界」を主語として言い換えるならば、世界が私たちの行為を通して自己を表現し、自己を形成しているということになるのである。

西田は晩年の論文「自覚について」（一九四三年）のなかで、こうした自己と世界との関係を次のように述べている。

歴史的世界と云うのは、我々の自己がそれに含まれた世界であり、我々がそこから生れ、そこに於て働き、そこへ死に行く世界である。我々の自己に絶対的な世界である。我々が働くと云うも、考えると云うも、そこからそこへでなければならない。⑼(492)

自己と世界は別々に存在するのではない。自己は世界の内にあり、行為を通して世界を表現し、世界を形成している。そして世界は自己を包んでおり、自己がそこから生まれ、そこへ死に行く場所である。西田から読み取れるのは、このように世界に開かれた自己のイメージである。

私たち一人ひとりが行為することは世界を表現することであり、私たちの行為によって世界は作られていく。そして世界は常にそのような私たちを包んでいる場所なのである。

終　章　豊饒な世界へ

発見され続ける西田資料

西田幾多郎その人は一九四五（昭和二〇）年六月七日に七十五年の生涯を閉じた。だが、彼が書き残したテクストは現在に至るまで発見され続けている。新版『西田幾多郎全集』は二〇〇二年に刊行開始となったが、岩波書店から刊行が始まってから多数の書簡などが発見され、当初は全二十二巻で予定されていた出版計画が変更されて二〇〇九年に全二十四巻で一応の完結をみた。だがその後、親族から寄贈された資料から未公開のノート類が大量に見付かり、丹念な修復・翻刻の作業を経て二〇二〇年には『西田幾多郎全集』別巻（倫理学・宗教学の講義ノート）が刊行されるに至った。さらに二〇二二年には、論文「私と汝」の原稿の一部を含む大量の直筆原稿や未公開写真、西田宛の書簡などが発見され、近代日本哲学の第一級資料として注目されている。[*17] このように西田関係資料は現在なお発見されつつあり、日進月歩で厚みを増しているのである。そこにはもちろん寄贈者である西田の親族や、資料の修復や整理に携わる研究者の働きがあるのだが、次々に明らかになる資料を通して西田幾多郎という人格が立ち現れるようですらある。

さらにいえば、こうした一連の出来事は西田をめぐって世界が自己展開し、自己表現しているようにさえ見えてくる。本論で述べたように、個人の行為は世界を表現し、形作っていく意味をもっているが、個人は世界の一部であるので、世界を主語として言い換えるならば、世界が自己を表現し、自己を形作っていることになる。後期西田哲学の言葉を使えば、西田の資料に関わる一人ひとりを「創造的世界の創造的要素」とする世界自身の自己表現であり、自己形成とみることができる。

西田の資料が新たに発見され続けているだけではない。彼の哲学的思索は今日に至るまで多くの人々の思考に刺激を与え続けている。京都帝国大学で西田や田辺のもとで育った人々によって京都学派が形成されたことはよく知られているが、『善の研究』が旧制高等学校の生徒たちの教養書となったことについても本書の第一章で触れた。倉田百三から絶賛されたことは西田にとっては雑音であったかも知れないが、西田哲学が近代のエリート青年のアイデンティティ問題に応答する社会的意味をもったことは否定できない。世界のなかでの自己の在処《ありか》を問わざるを得ない近代人に哲学的探究のモデルを提供したのである。

『善の研究』は現在でも近代日本の代表的な哲学書として読まれ続けている。また西田の著作の文庫版や、西田をテーマとする研究書や入門書は、現在まで夥《おびただ》しい勢いで出版され続けている。これは一過性のブームなどではなく、それほどに西田への社会的関心は根強いといえる。西田の生涯とその哲学は今なお読者を惹きつけ、さまざまな思考を喚起し続けている。西田の思想は現代でも生き続けており、人々に新たな刺激を与えているのでである。

「今・ここ」を生きる思想

英文学者の外山滋比古《とやましげひこ》は、シェイクスピアや『源氏物語』といった諸説紛々の解釈のある文芸を挙げながら「人間はめいめい自分の解釈をつくろうとしている」と述べ、正本に対して常に異本をつくろうとすると論じている。[*18] 読者の思考を触発して独自の解釈を生み出させようとする思考喚起性を古典の条件とするならば、西田は紛れもなく近代日本哲学の古典である。

この小著もまた、難解ながら魅力に満ちた西田の哲学的思索に一つの解釈を付け加えるものとなる。現代、電子メディアでつながりながらも人々は孤独を抱えている。本書ではその分断を糸口としながら、自己と世界との関係について西田の思想をもとに考え直すことを試みた。本書の終わりに、現代社会に生きる私たちにとって西田哲学がどのようなアクチュアリティをもっているのかを改めて考えてみたい。

西田哲学は「今・ここ」の現実を大切にする思想である。私たちが生きているのは常に「今・ここ」の現実である。「今」以外の過去や未来を生きることはできないし、「ここ」以外の他の場所を生きることもできない。西田自身、「実在は現実そのままのものでなければならない」という考えを高等学校の頃からもっていたという趣旨のことを述べている（『善の研究』「版を新にするに当って」①4）。「今・ここ」の現実を〈生《なま》の現実〉と表現するならば、西田哲学では〈生の現実〉を中心にして自己と世界の関係を考えていくことができる。前期の「純粋経験」は自己の側からこの世界の現実を捉える立場であったのに対して、中期の「場所」は自己の根源ともいえる場所へと徹底して遡源《そげん》していく立場であり、さらに後期の「歴史的世界」では根源的な場所＝世界の側から自己を含む現実を捉え直す立場へと発展していったのである。この西田哲学からどのような現代に生きるアクチュアリティを読み取ることができるだろうか。

分断された世界を乗り越える

西田は『善の研究』において「純粋経験」という言葉を用いて、私たちが生きる〈生の現実〉には汲み尽くすことのできない豊かな情報が含まれていることを明らかにしていた。現実がもつ豊饒さ、豊かさは古今変わるものではない。

ところが、現代の電子メディアは私たちの現実を激変させた。私たちが触れる〈生の現実〉は少なからず電子データによって抽象化されたものに変質している。これはどういうことか。例えば、海岸の映像を見ることと実際に海岸に行ってみることを比べてみよう。

現在では高度な映像技術によって鮮明な海岸の映像を視聴することができる。だが、実際に海岸に足を運んで浜辺に身を置いたとすれば、映像をはるかに超えるものを感受することができる。陽光の温もりや磯の香り、そして海水に触れた冷たさといったものは、いずれもデータ化された映像からは感じ取れないものである。このように、その場所で直接触れることのできる〈生の現実〉＝純粋経験には、電子データには還元できない豊富な情報が含まれている。[*19]私たちがパソコンやスマホの画面から目を離してみれば、眼前にははるかに豊かな現実が広がっているのである。

もっとも、私たちは〈生の現実〉を必ずしも十分に意識できているわけではない。むしろ常に現実の直中《ただなか》に身を置きながら、意識によって対象化しているのはその一部に過ぎない。例えば、自分自身の鼻というものを、人はどれだけ視覚対象として意識しているだろうか。自分の鼻は常に視界に入っていながら、普段はほとんど意識しないのではないだろうか。

西田の「場所」の思想は、私たちの意識の相対性――私たちの意識内容が限定されたものに過ぎないこと――を明らかにしている。私たちの意識はどこまでも反省していく可能性に開かれており、西田のいう「絶対無の場所」（意識の極限）に到達することはできない。言い換えるならば、自分自身では意識できていない意識の外部といえる広大な領域があるはずである。私たちは他者のことも世界の物事もよく分かっていないと考えられるのである。このことは世界の分断を考えるうえで重要である。

この世界はいくつもの分断によって互いに隔てられている。戦争による分断、貧富の差による分断、政治的立場による分断、ジェンダーによる分断、そして電子メディアによる分断と、枚挙に暇《いとま》がない。だが、世界の分断が人々の経験の分断であり、意識の分断であるという面をもつことを考えるならば、私たちが意識の相対性を自覚し、他者や世界の事物を十分に意識できていないと認識することは大きな意味をもつ。他者を理解することは容易ではないとしても、西田が論文「私と汝」で論じたような、他者と呼びかけ合い応答し合う関係を意識的に回復していくことは、分断された世界を乗り越える一つの手がかりとなる。

後期の「歴史的世界」の思想からは、私たち一人ひとりが「創造的世界の創造的要素」として個性的にこの世界を映し出し、世界を表現していることが分かる。例えば、ある人が悲しみに打ちひしがれ涙ながらに語るとき、その行為は個人にとどまるものではなく、世界を映し出し、世界を表現しているのである。そこには社会の矛盾や不正義が映し出されている可能性があるのだ。私という自己の悲しみがそうであるように、他者の悲しみもまた世界の自己表現として誰かに聴き取られなければならない。自己や他者を世界の自己表現として受け入れること。そして互いに声を聴き合うこと。西田哲学を積極的に読み込むことで見えてくるこうした「ものの見方」は、分断された世界を乗り越える可能性を示している。

この世界は矛盾に満ちた世界でありながら、それでも一つの形を成している。西田の言葉でいえば「絶対矛盾的自己同一」の世界である。この世界のありのままの現実＝〈生の現実〉には汲み尽くせないほどの情報が含まれており、私たちが意識しているのはその一部に過ぎない。現実の世界は限りなく豊饒な世界であり、私たちの自己はこのような世界に開かれた自己なのである。

電子メディアが発達した今、人と会わなくても事足りるコミュニケーションは多い。しかし、私たちは時に、あえて人と会って食事を共にすることがある。例えば、久々に集まった友人たちとテーブルを囲んで「乾杯！」と声を上げるとき、そこにはその場でしか味わうことのできない、豊饒な現実があるのだ。その現実を共にするために、私たちはこれからも集うのであろう。

註釈一覧

はじめに

＊1　西田幾多郎の著作からの引用は『西田幾多郎全集』（岩波書店、全二十四巻・二〇〇二〜二〇〇九年、別巻・二〇二〇年）により、本文中に巻数と頁数を次のように略記する。例（①9）→第一巻九頁。ただし、引用の際には旧仮名遣いを現代仮名遣いに改めたほか、旧字体を新字体にし適宜ルビを振るなどの変更を加えた。したがって、表記上は原文通りではないことをお断りしておく。

＊2　筆者はかつて以下の拙著で西田の思想を平易な言葉で紹介することを試みた。本書と前著では本文の記述や西田からの引用に関して記述を共有する部分があるが、前著の記述を詳細に検討して修正を行い、本書の新たな枠組みのもとに位置づけ直したものである。拙著『西田幾多郎　世界のなかの私』（朝文社、二〇〇七年初版、二〇一〇年新版）。

第一章

＊3　西田の伝記についてはいくつもの優れた評伝が出版されている。本章の叙述のために次の諸文献を参照した。藤田正勝『人間・西田幾多郎――未完の哲学』（岩波書店、二〇二〇年）。小林敏明『夏目漱石と西田幾多郎――共鳴する明治の精神』（岩波新書、二〇一七年）。大橋良介『西田幾多郎――本当の日本はこれからと存じます――』（ミネルヴァ日本評伝選、二〇一三年）。上田閑照『西田幾多郎とは誰か』（岩波現代文庫、二〇〇二年）。遊佐道子『伝記　西田幾多郎（西田哲学選集別巻一）』（燈影舎、一九九八年）。竹田篤司『西田幾多郎』（中公叢書、一九七九年）。

＊4　西田における「二人称の死」の問題については、浅見洋『二人称の死――西田・大拙・西谷の思想をめぐって』（春風社、二〇〇三年）を参照。

＊5　日記からの引用では適宜句読点を補う。以下、書簡についても同様とする。

＊6　「無字の公案」については次の文献を参照。秋月龍珉『無門関を読む』（講談社学術文庫、二〇〇二年）三一～三八頁、二六二～二六四頁。

＊7　小坂国継編・解説『西田幾多郎研究資料集成』第八巻　論文集㈠（クレス出版、二〇一二年）三頁。

＊8　倉田百三『愛と認識との出発』（岩波文庫、二〇〇八年）五一頁。

＊9　同書、九四頁。

第二章

＊10　『善の研究』への改題の事情については次の文献を参照。浅見洋『西田幾多郎――生命と宗教に深まりゆく思索』（春風社、二〇〇九年）九一～一一〇頁。藤田正勝『西田幾多郎『善の研究』を読む』（ちくま新書、二〇二二年）一八～二三頁。

＊11　高坂正顕『西田幾多郎先生の生涯と思想』（弘文堂書房、一九四七年）五三～五四頁。旧仮名遣いを現代仮名遣いに改めた。傍点は原文通り。

第三章

＊12　小坂国継編・解説『西田幾多郎研究資料集成』第八巻　論文集㈠（クレス出版、二〇一二年）五〇頁。

＊13　本書では便宜上「物理的な場所」「論理的な場所」「意識という場所」として整理するが、西田がこうした用語で論

じているわけではない。また西田のいう「場所」は物理的な場所ではないとする見解もあるが、西田における「場所」は物理的な場所も包括する重層的な概念として理解することが整合的であると考えられる。

＊14 述語の論理については次の文献を参考にして記述した。小坂国継『西田幾多郎の哲学——物の真実に行く道』（岩波新書、二〇二二年）一〇六～一〇九頁。小坂国継『西田幾多郎の思想』（講談社学術文庫、二〇〇二年）一五〇～一五四頁。

第四章

＊15 西田哲学の時期区分については、松丸壽雄が諸研究を検討して一期説から五期説までを整理している。松丸壽雄「西田哲学の時期区分説——多様なる西田哲学像」茅野良男・大橋良介編『西田哲学——新資料と研究への手引き』（ミネルヴァ書房、一九八七年）一六七～二〇六頁。

＊16 西田の最後の完成論文「場所的論理と宗教的世界観」（一九四五年）は重要であるが、本書の限られた紙数では宗教論を扱うことはできない。すでに『善の研究』の「序」でも宗教が「哲学の終結」（①6）とされており、宗教は西田において重要なテーマである。しかし注意すべきことは、西田自身は特定の宗教の立場を前提に論じているわけではないことである。彼は仏教とキリスト教とを横断して自在に論じているが、自身は宗教の信仰の外部に身を置いている。西田が論じた「宗教」は、仏教やキリスト教といった特定の宗教を直ちに意味しているわけではない。むしろその宗教論は、人間にとっての宗教の意味を問う哲学的探究である。

終章

＊17 『北國新聞』二〇二二年十一月二十一日付。

＊18　外山滋比古『思考の整理学』（ちくま文庫、一九八六年）三三～三四頁。

＊19　念のため付言しておくが、電子データの情報に触れることは〈生の現実〉ではないということではない。電子データの情報に触れるという〈生の現実〉を体験しているのである。ただし、電子データで伝えられる情報は当然ながら電子データに還元できるものに限定された情報である。

読書案内

ここでは比較的手に取りやすい西田の著作を中心に紹介する。

西田幾多郎『善の研究』（藤田正勝　注解・解説、岩波文庫、二〇一二年）

西田幾多郎『善の研究』（小坂国継　全注釈、講談社学術文庫、二〇〇六年）

西田の著作をまず一冊読むとすればやはり『善の研究』を薦めたい。本書は西田の最初の著書でありながら今日まで広く読まれてきた代表作であり、その後の思想の展開をも萌芽として含んでいる。西田哲学が凝縮されているともいえる一冊である。岩波文庫版、講談社学術文庫版ともに詳細な注解が付けられており、読解を助けてくれる。本書を読む手引きとして、**藤田正勝『西田幾多郎『善の研究』を読む』（ちくま新書、二〇二二年）**などがある。

上田閑照編『西田幾多郎随筆集』（岩波文庫、一九九六年）

西田の哲学論文が抽象的であるのに対して、随筆や書簡の記述は具体的であり、西田のこまやかな人柄を感じさせる文章が多い。本書は西田の回想や追悼文、随想、短歌、書簡などを収めており、哲学者にとどまらない生活者としての西田の顔をうかがうことができる。巻頭に置かれた「或教授の退職の辞」は京大退職までの人生のあゆみを簡潔にふり返った名文である。

上田閑照編『西田幾多郎哲学論集Ⅰ　場所・私と汝　他六篇』（岩波文庫、一九八七年）
上田閑照編『西田幾多郎哲学論集Ⅱ　論理と生命　他四篇』（岩波文庫、一九八八年）
上田閑照編『西田幾多郎哲学論集Ⅲ　自覚について　他四篇』（岩波文庫、一九八九年）

これらの論集では『善の研究』以外の西田の哲学論文から主要なものが収められている。本書でも言及した「場所」や「私と汝」は『論集Ⅰ』で、「行為的直観」は『論集Ⅱ』で読むことができる。また『論集Ⅲ』に収録された「歴史的形成作用としての芸術的創作」や「場所的論理と宗教的世界観」は、後期西田哲学において芸術や宗教がどのように捉えられていたかを知ることのできる論文である。とりわけ後者（戦争末期と重なる最晩年に書かれた宗教論）は、鬼気迫るといえるほど迫力に満ちた大論文である。

上田薫編『西田幾多郎歌集』（岩波文庫、二〇〇九年）

西田は人生の折々の感懐を短歌として詠んだ。この「歌集」では短歌のほか俳句や漢詩、そして詩歌に関する短文などを収めている。あわせて西田の親族による回想なども収録されており、近親者から見た西田の姿を伝えている。編者である上田薫は西田の孫（長女弥生の長男）にあたる教育学者である。

藤田正勝編『西田幾多郎書簡集』（岩波文庫、二〇二〇年）

西田が書き残したもののうち最もその人柄を伝えているのは書簡であると思われる。それは具体的な他者に宛てて書き綴られた言葉だからであり、そこには名宛人《なあてにん》に向けられた西田という人格からの呼びかけや応答がある。書簡集からは、交流のあった同時代の人々に向けて綴られた西田の生き方や他者への配慮を読み取ることができる。

田中裕編『西田幾多郎講演集』（岩波文庫、二〇二〇年）

西田は論文執筆の傍らさまざまな機会に講演を行った。哲学的思索をベースにしながら目前の聴衆に向けて語られた言葉には、論文とは異なる響きがある。自身が発表した論文の概要を述べるスタンスの講演もあり、聴衆に語ることによって自身の思索を省察するという面も読み取れる。講演集は語られた言葉の記録として、論文集とは異なる趣をもっている。

『西田幾多郎全集』全二十四巻（竹田篤司、クラウス・リーゼンフーバー、小坂国継、藤田正勝 編集、岩波書店、二〇〇二〜二〇〇九年）

『西田幾多郎全集』別巻（石川県西田幾多郎記念哲学館（代表・浅見洋）編集、岩波書店、二〇二〇年）

西田について本格的に研究する場合、全集版に当たることは欠かせない。思索に苦闘した西田のテクストと取り組むこと自体が苦闘となるかも知れないが、そこには西田の思索や生き方との限りない対話が広がっていく可能性がある。

あとがき

二〇二三年の一月末、私は本書の原稿の確認的な取材のため石川県を訪ねた。金沢に向かう北陸新幹線のなかで、大詰めを迎えた原稿を推敲《すいこう》する仕事が気になりながらも時折車窓に目をやる。晴れ渡った冬空のもと関東平野の田園風景が流れていく。あるいは、一面の雪に埋もれた信越の山間を駆け抜けていく。車窓に見とれながら私は現実の豊かさを感じる。目の前の現実は、電子データを操作して紡いでいく文字情報には還元されえない豊富な情報を含んでいるのだ。

しかし、ありのままの現実に対して言葉は貧弱なものであっても、言葉で表現することによって見えてくる現実もある。文章を書くという行為はその可能性に賭けることなのではないだろうか。西田自身、言葉では捉え尽くせない「現実そのままのもの」としての実在に、どこまでも言葉によって迫ろうとした。あの晦渋《かいじゅう》な文体と用語法は、生涯を賭けたその苦闘の証《あかし》であるとみることもできる。彼が書き残した思索の言葉を通じて、言葉では捉えきれない世界の豊饒さに私たちは気づくことができる。本書がその手がかりとなるならば幸いである。

本書の企画は、講談社現代新書担当の黒沢陽太郎さんが拙著『西田幾多郎 世界のなかの私』（朝文社、二〇〇七年初版、二〇一〇年新版）に注目してくださったことから始まっている。前著は西田の思想を日常的な経験に引き寄せながら、できるだけ平易な言葉で紹介する試みであった。本書ではこうした方針を引き継ぎながらも、とりわけ現代の視点から西田を読むとどう読めるかという問題意識を中心にして執筆を進めていった。溢れるほどの情報が電子データでやり取りされる現在、コミュニケーションや情報収集が便利になったことはもちろんだが、さまざまな他者や事物との直接的な関わりから疎遠になってはいないだろうか。ありのままの現実を重視する西田哲学は、このような時代に生きる私たちが自己と世界との関係を捉え直すうえで、アクチュアリティに富む思想である。本書ではこのような積極的な読み方を試みた。

本書の執筆に際しては、石川県西田幾多郎記念哲学館館長の浅見洋先生にお世話になった。私の大学院時代以来、二十年近く西田研究に関して折に触れてお世話になってきた浅見先生には、本書の草稿に丁寧なコメントを頂戴するとともに、西田研究の最新状況について情報をご提供いただいた。宇ノ気を訪ねた私に半日もの時間を割いて、密度の高い研究交流にお付き合いくださったこととあわせて、特に感謝申し上げたい。

講談社の黒沢さんには、本書の企画段階からさまざまな提案やコメント、そして時には励ましによって、本書を完成まで導いていただいた。編集者の熱意と粘り強さに感服している。本文の至る所に、編集者からのコメントに答えて説明を付け加えた箇所や、表現を嚙み砕いた箇所がある。仕上がった本文には残らなくても、その背後には編集者と著者との対話がある。黒沢さんの働きがなければ本書は形にならなかったといえる。改めてお礼を申し上げたい。

そして最後に、本書が読者と出会い、何らかの形でその人の思考を触発することになれば本望である。西田が「作られたものから作るものへ」と表現した歴史的世界は、誰かの行為が他者を触発して限りなく展開していく世界なのだから。

櫻井　歓

二〇二三年二月

N.D.C. 121.63　126p　18cm
ISBN978-4-06-531765-5

講談社現代新書　2702

今《いま》を生《い》きる思想《しそう》
西田幾多郎《にしだきたろう》　分断《ぶんだん》された世界《せかい》を乗《の》り越《こ》える

二〇二三年四月一三日第一刷発行

著　者　櫻井《さくらい》 歓《かん》

発行者　鈴木章一
発行所　株式会社講談社
東京都文京区音羽二丁目一二―二一　郵便番号一一二―八〇〇一
電　話　〇三―五三九五―三五二一　編集（現代新書）
〇三―五三九五―四四一五　販売
〇三―五三九五―三六一五　業務
装幀者　中島英樹／中島デザイン
印刷所　株式会社新藤慶昌堂
製本所　株式会社国宝社
定価はカバーに表示してあります　Printed in Japan

「講談社現代新書」の刊行にあたって

教養は万人が身をもって養い創造すべきものであって、一部の専門家の占有物として、ただ一方的に人々の手もとに配布され伝達されうるものではありません。

しかし、不幸にしてわが国の現状では、教養の重要な養いとなるべき書物は、ほとんど講壇からの天下りや単なる解説に終始し、知識技術を真剣に希求する青少年・学生・一般民衆の根本的な疑問や興味は、けっして十分に答えられ、解きほぐされ、手引きされることがありません。万人の内奥から発した真正の教養への芽ばえが、こうして放置され、むなしく滅びさる運命にゆだねられているのです。

このことは、中・高校だけで教育をおわる人々の成長をはばんでいるだけでなく、大学に進んだり、インテリと目されたりする人々の精神力の健康さえもむしばみ、わが国の文化の実質をまことに脆弱なものにしています。単なる博識以上の根強い思索力・判断力、および確かな技術にささえられた教養を必要とする日本の将来にとって、これは真剣に憂慮されなければならない事態であるといわなければなりません。

わたしたちの「講談社現代新書」は、この事態の克服を意図して計画されたものです。これによってわたしたちは、講壇からの天下りでもなく、単なる解説書でもない、もっぱら万人の魂に生ずる初発的かつ根本的な問題をとらえ、掘り起こし、手引きし、しかも最新の知識への展望を万人に確立させる書物を、新しく世の中に送り出したいと念願しています。

わたしたちは、創業以来民衆を対象とする啓蒙の仕事に専心してきた講談社にとって、これこそもっともふさわしい課題であり、伝統ある出版社としての義務でもあると考えているのです。

一九六四年四月　野間省一